体育运动

轮滑 滑板
LUNHUA HUABAN

主编 支二林 姜广义
　　　岳言 马鸿侠

走进**大自然**
走到阳光下
养成**体育锻炼**
好习惯

吉林出版集团股份有限公司 全国百佳图书出版单位

图书在版编目(CIP)数据

轮滑 滑板 / 支二林，姜广义等主编.—长春：吉林出版集团股份有限公司，2011.5（2024.1重印）
ISBN 978-7-5463-5244-2

Ⅰ.①轮… Ⅱ.①支… ②姜… Ⅲ.①滑轮滑冰—青年读物②滑轮滑冰—少年读物 Ⅳ.①G862.8-49

中国版本图书馆 CIP 数据核字（2011）第 081791 号

轮滑 滑板

主编	支二林　姜广义　岳言　马鸿侠
责任编辑	息望　林丽
出版发行	吉林出版集团股份有限公司
印刷	三河市同力彩印有限公司
版次	2011年7月第1版　2024年1月第8次印刷
开本	787mm×1092mm　1/16　印张 10　字数 100千
地址	吉林省长春市福祉大路5788号　邮编 130000
电话	0431-81629968
电子邮箱	11915286@qq.com
书号	ISBN 978-7-5463-5244-2
定价	45.80元

版权所有　翻印必究
如有印装质量问题，请寄本社退换

《体育运动》编委会

主　　任　宛祝平

编　　委　支二林　方志军　王宇峰　王晓磊　冯晓杰
　　　　　田云平　兴树森　刘云发　刘延军　孙建华
　　　　　曲跃年　吴海宽　张　强　张少伟　张铁民
　　　　　李　刚　李伟亮　李志坚　杨雨龙　杨柏林
　　　　　苏晓明　邹　宁　陈　刚　岳　言　郑风家
　　　　　宫本庄　赵权忠　赵利明　赵锦锦　潘永兴

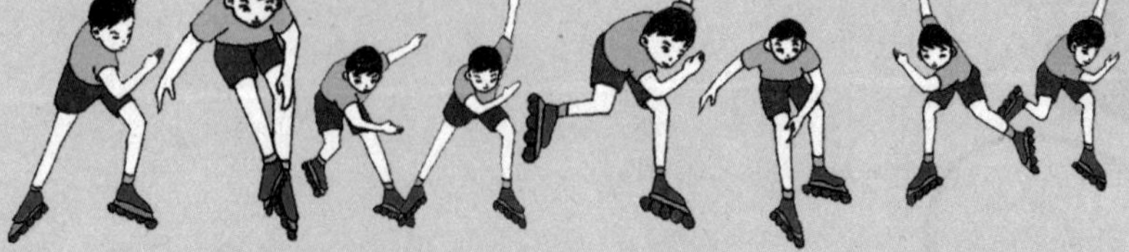

目录 CONTENTS

轮滑

第一章 运动保护
　　第一节　生理卫生..........................2
　　第二节　运动前准备........................3
　　第三节　运动后放松........................9
　　第四节　恢复养护.........................11

第二章 轮滑概述
　　第一节　起源与发展.......................14
　　第二节　特点与价值.......................16
　　第三节　比赛项目.........................18

第三章 轮滑场地、器材和装备
　　第一节　场地.............................20
　　第二节　器材.............................23
　　第三节　装备.............................25

第四章 轮滑基本技术
　　第一节　陆地模仿练习.....................32
　　第二节　滑行前练习.......................38
　　第三节　初步滑行练习.....................48
　　第四节　直线滑跑.........................56

目录

第五节 弯道滑跑..................64
第六节 起跑与冲刺..................72

第五章 轮滑基础战术
第一节 抢占有利位置..................82
第二节 超越..................83

第六章 轮滑比赛规则
第一节 程序..................86
第二节 裁判..................89

滑板

第七章 滑板概述
第一节 起源与发展..................92
第二节 特点与价值..................95

第八章 滑板场地、器材和装备
第一节 场地..................98
第二节 器材..................101
第三节 装备..................105

第九章 滑板基本技术
第一节 滑行..................112
第二节 翘..................117

目录 CONTENTS

　　第三节　下坎与上坎 119
　　第四节　旋转 121
　　第五节　跳 127
　　第六节　脚上技巧 131
第十章　花样滑板
　　第一节　Ollie 技术 136
　　第二节　转体 180° Ollie 技术 138
　　第三节　脚尖翻技术 140
　　第四节　滑双桥技术 141
　　第五节　滑入 U 形池 143
第十一章　滑板比赛规则
　　第一节　程序 148
　　第二节　裁判 149

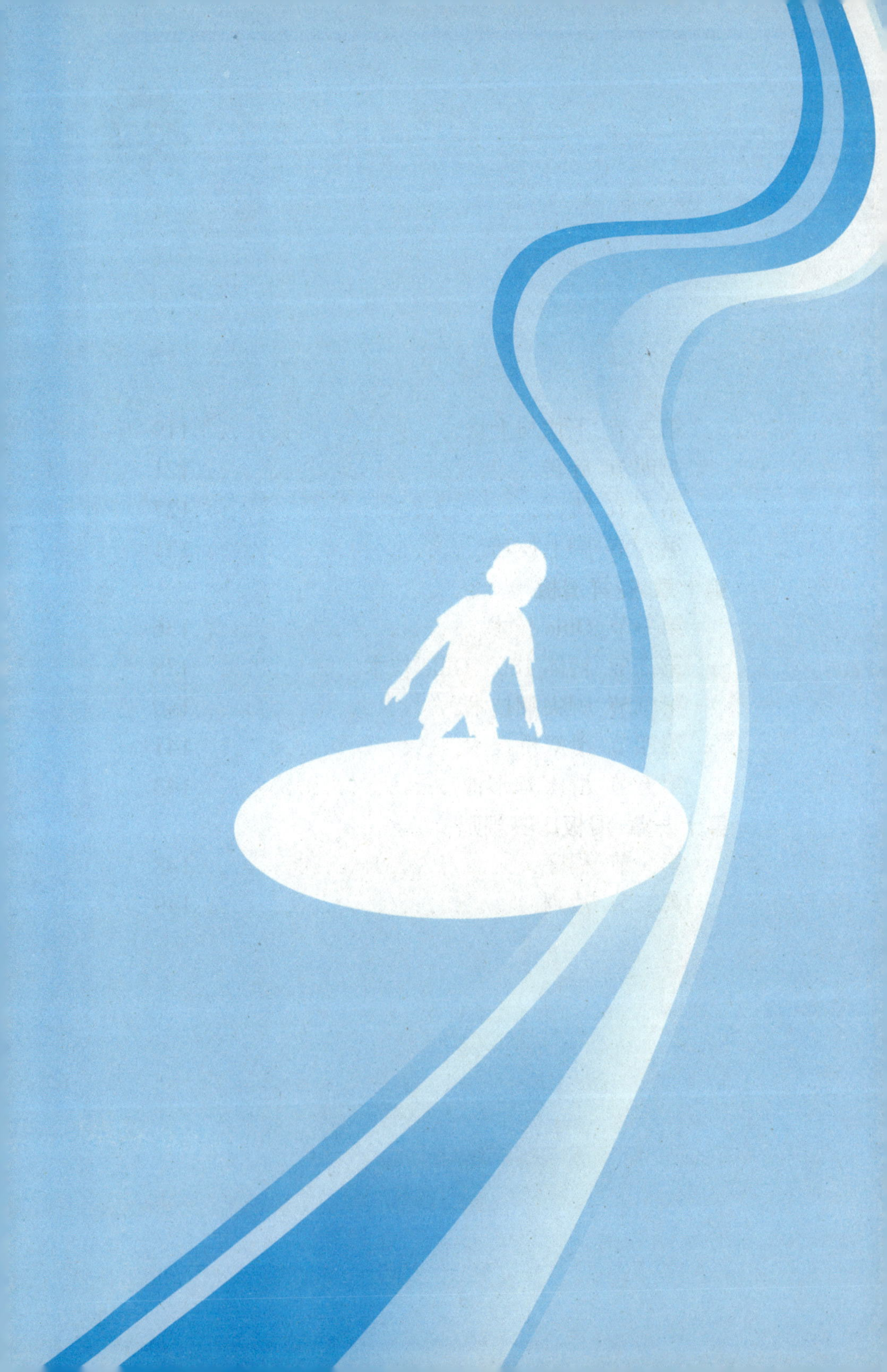

轮滑

第一章 运动保护

"生命在于运动",但是盲目、不科学的运动非但不能起到强身健体的作用,反而会给身体带来一定的伤害。只有掌握体育锻炼的一般性生理卫生知识,科学地进行体育锻炼,才能起到健身强体的作用。

第一节 生理卫生

青少年在进行体育运动时，除了应进行一般性的身体检查和必要的咨询外，还要注意培养运动兴趣和把握适当的运动强度。

一、培养运动兴趣

在进行运动前，必须培养自己对体育运动的兴趣。培养兴趣的方法有很多，如观看体育比赛，与同学、朋友进行体育比赛等。有了浓厚的兴趣，就能自觉地投入体育运动之中，从而达到理想的锻炼效果。

二、把握运动强度

因为青少年进行体育运动，主要是在享受运动的过程中增强体质，提高健康水平，而不仅是为了创造运动成绩，所以运动强度不宜过大。控制运动强度最简单的办法是测定运动时的脉搏。对青少年来说，运动时的脉搏控制在每分钟140次左右较为合适。

第二节 运动前准备

运动前进行充分的准备活动，对于青少年来说是非常重要的。一些体育运动爱好者，常常不重视运动前的准备活动，从而导致各种运动损伤，影响运动效果，也容易失去对体育运动的兴趣，甚至产生对体育运动的畏惧心理。因此，青少年在进行体育运动前，必须做好充分的准备活动。

一、准备活动的作用

运动前做好充分的准备活动能够对肌肉、内脏器官有很大的保护作用，同时还可以提前调节运动时的心理状态。

(一)提高肌肉温度，预防运动损伤

运动前进行一定强度的准备活动，不仅可以使肌肉内的代谢过程加强，温度增高，黏滞性下降，提高肌肉的收缩和舒张速度，增强肌力，同时还可以增加肌肉、韧带的弹性和伸展性，减少由于肌肉剧烈收缩而造成的运动损伤。

(二)提高内脏器官的功能水平

内脏器官的功能特点之一就是生理惰性较大，即当活动开始、肌肉发挥最大功能水平时，内脏器官并不能立刻进入最佳活动状态。

(三)调节心理状态

青少年进行体育锻炼不仅是身体活动，而且也是心理活动。研究证明，心理活动在体育锻炼中起着非常重要的作用。体育锻炼前的准备活动，可以起到心理调节的作用，即接通各运动中枢间的神经联系，使大脑皮层处于最佳兴奋状态。

二、如何进行准备活动

一般来说，准备活动主要应考虑内容、时间和运动量等问题。

(一)内容

准备活动可分为一般准备活动和专项准备活动。一般准备活动主要是一些全身性的身体练习，如跑步、踢腿、弯腰等。一般准备活动的作用在于提高整体的代谢水平和大脑皮层的兴奋状态，减少运动损伤的发生。专门性准备活动是指与所从事的体育锻炼内容相适应的动作练习。

下面介绍一套一般准备活动操,供青少年运动前使用。这套活动操主要包括头部运动、肩部运动、扩胸运动、体侧运动、体转运动、髋部运动和踢腿运动等。

1. 头部运动

头部运动的动作方法(见图1-2-1)是:

两手叉腰,两脚左右开立,做头部向前、向后、向左、向右以及绕环运动。

2. 肩部运动

肩部运动的动作方法(见图1-2-2)是:

手扶肩部,屈臂向前、向后绕环以及直臂绕环。

3. 扩胸运动

扩胸运动的动作方法(见图1-2-3)是:

屈臂向后振动及直臂向后振动。

4. 体侧运动

体侧运动的动作方法(见图1-2-4)是:

两脚左右开立,一手叉腰,另一臂上举并随上体侧屈而摆振动。

5. 体转运动

体转运动的动作方法(见图1-2-5)是:

两脚左右开立,两臂前屈,身体向左、向右有节奏地扭转。

6. 髋部运动

髋部运动的动作方法(见图1-2-6)是:

两脚左右开立,两手叉腰,髋关节放松,向左、向右各做360°旋转。

7. 踢腿运动

踢腿运动的动作方法(见图1-2-7)是：

两臂上举后振，同时一腿向后半步，然后两臂下摆后振，同时向前上方踢腿。

图1-2-1

图1-2-2

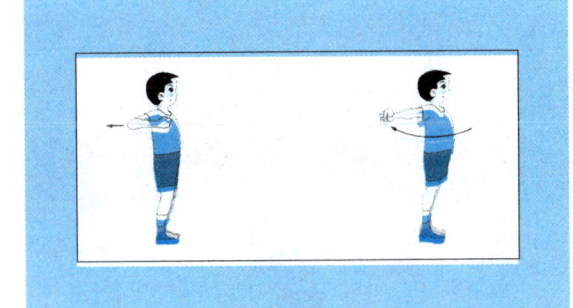

YUNDONG BAOHU 运动保护

图 1-2-3

图 1-2-4

图 1-2-5

007

图 1-2-6

图 1-2-7

（二）时间和运动量

准备活动的时间和运动量随体育锻炼的内容和量而定，由于以健身为目的的体育运动量较小，因此准备活动的量也相对较小，时间也不宜过长，否则，还未进行体育锻炼，身体就疲劳了。半小时的体育锻炼，准备活动时间一般以 10 分钟左右为宜。

第三节 运动后放松

进行剧烈的体育运动后，有些青少年习惯坐在地上，或是直接躺下来休息，认为这样可以快速消除疲劳。其实不然，这样做的结果不仅不能尽快地恢复身体功能，反而会对身体产生不良影响，正确的做法应该是运动后做一些整理活动，放松身体。

一、运动后整理活动的必要性

运动后的整理活动不但可以避免头晕等症状，还可以有效地消除疲劳。

(一)避免头晕

在进行运动时,心血管功能活动加强,骨骼肌等外周毛细血管开放,骨骼肌血流量增加,以适应身体功能的需要。而运动时骨骼肌的节律性收缩,又可以对血管产生挤压作用,促进静脉血回流。

人体在停止运动后,如果停下来不动,或是坐下来休息,静脉血管失去了骨骼肌的节律性收缩,血液会由于受重力作用滞留在下肢静脉血管中,导致回心血量减少,心血输出量下降,造成暂时性脑缺血,出现头晕、眼前发黑等一系列症状,严重者甚至会出现休克。为了避免这些症状的发生,整理活动是非常必要的。

(二)消除疲劳

除了避免头晕等症状的发生,运动后的整理活动还可以改善血液循环状态,达到快速消除疲劳的目的。

二、放松方法

在运动后放松时，应注意以下几个问题：

（1）做一些放松跑、放松走等形式的下肢运动，促进下肢静脉血的回流，防止体育锻炼后心血输出量的过度下降；

（2）在下肢活动后进行上肢整理活动，右臂活动后做左臂的整理活动，通过这种积极性休息，使身体功能得到尽快恢复；

（3）整理活动的量不要过大，否则整理活动又会引起新的疲劳；

（4）在进行整理活动时，应当保持心情舒畅、精神愉快的感觉。

第四节 恢复养护

人体在运动后，除采用休息和积极性体育手段加速身体功能的恢复外，还可以根据体育运动的特点，补充不同的营养物质，以尽快消除疲劳。

运动结束后，人体内会产生一种叫作乳酸的酸性物质，它的积累会造成肌体的疲劳，使恢复时间延长。所以，我们在运动后，应多补充一些碱性食物，如蔬菜、水果等，而动物性蛋白等肉类食品偏"酸"，在运动后的当天可适当减少摄入。

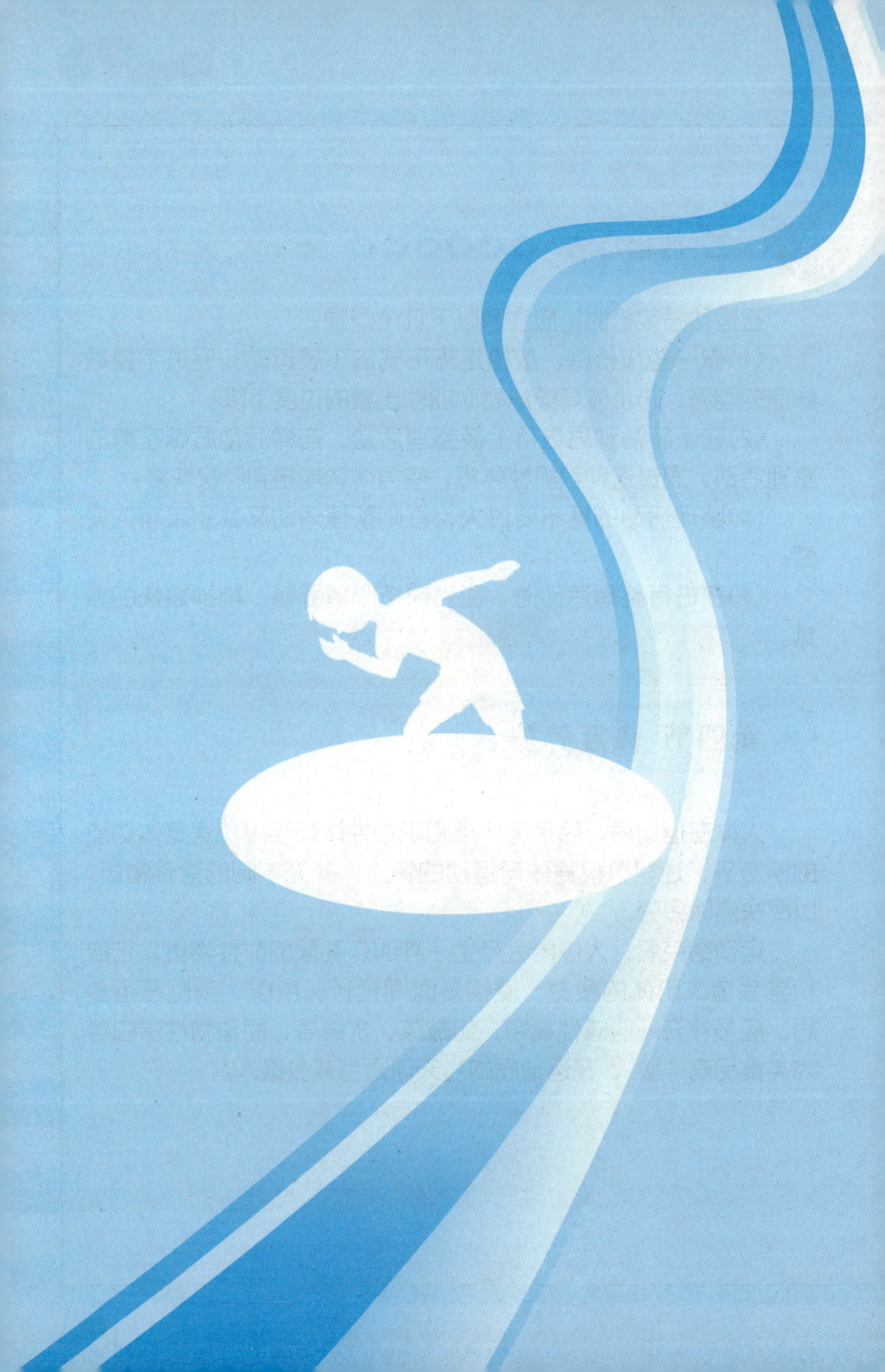

第二章 轮滑概述

轮滑运动俗称"滑旱冰",是一项历史悠久、开展广泛的运动项目,包括速度轮滑、花样轮滑和轮滑球以及单排轮滑和双排轮滑。轮滑运动能锻炼身体、增强体质又能消除疲劳、调节精神,在世界各地有着广泛的群众基础和深厚的文化底蕴,深受世界各国人民的喜爱。

第一节 起源与发展

轮滑俗称"滑旱冰",也叫"滚轴溜冰""溜旱冰",它是滑冰在陆上辅助训练过程中逐渐演变形成的运动项目。同滑冰相比,它更刺激、惊险和时髦,而且四季皆宜。现在,轮滑已成为广大青少年喜爱的娱乐休闲运动了。轮滑运动相对于速滑运动发展较晚一些,下面我们将加以详细的介绍。

一、起源

轮滑运动的起源可以追溯到 8 世纪,一个不知名的荷兰人最先发明了滚轴滑冰。

1818 年,最早的滚轴滑冰鞋诞生于德国柏林,很快法国巴黎的大街上也出现了滚轴滑冰鞋。那个时期,轮滑鞋还只能直行不能转弯,也没有制动装置。

1863 年,美国人詹姆士·普利姆普顿发明了一种有转向和制动装置的鞋,带来了轮滑运动的一场革命,同时,也带来了最早的轮滑运动热潮。

1866 年,美国人詹姆士开办了第一个滚轴滑冰场。

1884 年,美国人理查森和雷蒙德发明了滚珠轴承,这不仅对改进滚轴滑冰运动的技术起到了极大的推动作用,还使滚轴滑冰运动迅速传到欧洲各国。

二、发展

1924年4月21日,德国、法国、英国和瑞士4国的11名代表相约在瑞士的蒙特勒市,成立了世界上最早的"国际滚轮滑冰联合会"。

1936年首次在瑞士举行世界轮滑锦标赛后,国际滚轮滑冰联合会决定,每年举行一次世界速度轮滑锦标赛(包括场地赛和公路赛)、一次世界花样轮滑锦标赛、一次世界轮滑球锦标赛。

随着这项运动的发展,1940年4月28日,在罗马举行的第43届国际奥林匹克委员会会议上,正式承认了国际滚轮滑冰联合会,从此轮滑运动在世界各国得到了广泛的开展。

1952年,国际滚轮滑冰联合会正式更名为"国际轮滑联合会"。目前国际轮滑联合会共有48个会员协会。由于轮滑运动不受气候和条件的限制,因此得到了迅速的普及。目前,美国、意大利、德国和阿根廷等国的轮滑运动水平,均处在世界领先地位。

19世纪末轮滑运动传入中国,我国正式开展此项运动是在20世纪80年代初期。1980年9月,国际轮滑联合会第36次例会通过决议,正式接纳中华人民共和国轮滑协会为该联合会的正式会员。1985年中国轮滑协会加入亚洲轮滑联盟。

随着科学技术的迅速发展,现代轮滑运动也变得速度更快、难度更高了。

第二节 特点与价值

轮滑运动在我国有着广泛的群众基础，它具有竞争性强、观赏性强、速度快等特点。

一、特点

(一)身体呈蹲姿

轮滑的滑跑姿势为蹲姿，团身，身体呈流线型以减少阻力。

(二)支撑点不固定

初学者容易体会到，在滑行的过程中无法在身体下方找到有效的支点，重心难以控制。

(三)向侧后用力蹬地

速度轮滑与走、跑的不同之处，在于平时我们在向前走或跑时是向后用力，而速度轮滑是向侧后用力，向侧后用的力越大，速度越快。因此，学习轮滑要养成向侧后用力蹬地的习惯。

(四)速度快

轮滑中由于运动员脚穿轮滑鞋，轴辘与地面的摩擦阻力小，使得运动速度非常快。

(五)竞争性强

随着现代科技运用到比赛器材中,运动员之间的成绩已经相差无几,这就增强了比赛的竞争性。

(六)观赏性强

运动员的拼搏程度和科技含量的提高,使得比赛越来越刺激,观赏性越来越强。

二、价值

(一)对心血管系统的保健作用

经常参加轮滑运动能显著提高人的心血管功能。据测定,轮滑运动员的心脏比一般人的心脏每分钟跳动的次数要少,经常参加轮滑锻炼的人,一生心脏跳动的次数要比正常人少两亿次。

(二)对呼吸系统的作用

绝大多数轮滑爱好者均在室外参与活动,因此能够呼吸大量新鲜空气,促进新陈代谢,改善血液中氧的供应,能够不断地加强呼吸系统功能,有益健康。

（三）对神经系统的作用

经常参加轮滑运动,可以提高中枢神经系统对其他系统与器官的调节能力。

第三节 比赛项目

速度轮滑比赛分为场地赛和公路赛两种,每种比赛根据不同的比赛距离划分为若干个小项。

一、全国场地锦标赛

全国场地锦标赛有：
（1）男子项目：300米、500米、1500米、5000米、10000米和20000米等；
（2）女子项目：300米、500米、1500米、3000米、5000米和10000米等。

二、全国公路公开赛

全国公路公开赛有：
（1）男子项目：300米、500米、1500米、5000米、10000米、20000米和42000米马拉松；
（2）女子项目：300米、500米、1500米、3000米、5000米、10000米和21000米马拉松。

第三章 轮滑场地、器材和装备

当我们想要进行轮滑运动的时候，首先要对这项运动的场地、器材以及装备加以了解。对此，本章将逐一介绍。

第一节 场地

轮滑运动因其惊险刺激，所以场地的安全问题便显得尤为重要。轮滑的场地包括室内轮滑场地和室外轮滑场地，其中跑道可分为场地跑道和公路跑道。

一、场地跑道

(一)规格

标准的场地跑道为长 200 米，宽 6 米以上，也可根据具体情况而定，但长度最短应不少于 125 米，最长不超过 400 米，宽度应不少于 5 米。

(二)设施

场地跑道是设在露天或有覆盖设施的有路线的跑道，跑道外缘应设有保护垫及护栏等设施(见图 3-1-1)。

(三)要求

(1)场地跑道应由两条长度相等的直线跑道段和两个对称的具有相同直径的弯道连接组成；

(2)地面必须平坦,有一定的光滑度,又不致使人摔倒;

(3)场地弯道可有一定的倾斜度,倾斜的部分要从内侧边缘逐渐均匀平稳地升高,直到外侧边缘;

(4)直线跑道与弯道倾斜跑道相衔接,可以有向内倾斜的衔接部分,但直线跑道的平坦部分不应少于跑道总长的33%;

(5)跑道终点要用宽5厘米的白色线标出,应一直标到跑道外侧边线,终点线一般设在直道中线前10米处。

图 3-1-1

二、公路跑道

(一)规格

1. 开放式比赛路线

终点和起点不衔接。

2. 封闭式比赛路线

（1）终点和起点衔接，它由两条对称路线组成；

（2）路线最短不少于 250 米，最长不超过 1000 米，宽度不少于 5 米。

（二）要求

（1）路面应光滑平坦，没有断裂，路面不平坦部分不应超过其宽度的 3%；

（2）公路跑道斜坡部分不得超过 5%，在特殊情况下，倾斜部分也不得超过全部路线的 25%；

（3）终点线与起点线均应用 5 厘米宽的白色线标出；

（4）起终点线一般不设在弯道处（特殊情况除外），起点线应设在距离弯道 50 米以外的地方，终点线应设在距最后一个弯道的直弯道分界线前 50 米处；

（5）每条比赛路线在弯道处应有明显的界线或有可移动的标志，注意这些标志不能放在内侧，以免运动员发生危险。

第二节 器材

轮滑鞋是轮滑运动的主要器材,可分为单排轮轮滑鞋和双排轮轮滑鞋两种。

一、单排轮轮滑鞋

(一)材质

单排轮轮滑鞋多由塑料外壳、内衬海绵袜构成,也有用皮革或尼龙面料制成的,穿起来轻巧舒适。

(二)构造

(1)鞋的下部由底板、夹轮板、轴承和制动器组成;

(2)底板和夹轮板是用塑料合压而成,或用质轻、坚固的铝合金等材料制成;

(3)夹轮板由两片长条形的板组成,板上有若干个眼,用于穿轮轴、固定轮子,其长度可装6个轮子;

(4)轮子由橡胶、合成塑料、聚氨酯等材料制成,形状薄于双排轮的轮子,边缘呈圆形;

(5)一般使用耐磨、耐热、滑动性能较好的密闭式轴承;

(6)制动器由橡胶或合成塑料制成,多安在鞋架的尾部(见图3-2-1)。

图 3-2-1

二、双排轮轮滑鞋

(一)类型

1. 速度轮滑鞋

速度轮滑鞋的鞋靿较矮,近似一般的运动鞋,鞋帮的下半部分较硬,便于脚在鞋内用力。

2. 花样轮滑鞋

花样轮滑鞋高靿、高跟,鞋前部有鞋眼,鞋靿上有鞋钩,便于穿脱和系紧鞋。

3. 轮滑球鞋

轮滑球鞋的鞋靿高度以护住踝关节为准,高度介于速度轮滑鞋和花样轮滑鞋之间,鞋头和鞋靿较硬,以防止轮滑球的冲击所造成的脚部伤害。

(二)构造

(1)双排轮轮滑鞋的鞋面多用皮革制成；
(2)鞋的下部由底板、马脚、轴承、轮子和制动器组成；
(3)底板用轻便、坚固的铝合金等材料制成；
(4)马脚由铝合金架和橡胶垫组成，马脚上边由螺丝钉与底板固定，下边由横轴固定轮子；
(5)轮滑鞋的轮子由橡胶、塑料、合成塑料和合成聚氨酯制成；
(6)轮滑鞋的轴承要求滑度高、噪音小、耐磨、耐热，多为密封式轴承(见图3-2-2)。

图 3-2-2

第三节 装备

轮滑运动除须穿着轮滑服外，还必须佩戴护套与头盔等护具，以免在运动中发生意外，导致身体损伤。

一、轮滑服

（1）在春、夏、秋三季比赛时，运动员上身穿短袖衫，下身穿短裤；

（2）服装应选择弹性较好、薄而轻的面料（见图3-3-1）。

图 3-3-1

二、护具

（一）头盔（见图3-3-2）

戴头盔时，应分清前后，头盔必须系紧，以防倒地时头盔脱落。

图 3-3-2

(二)护手(见图 3-3-3)

在进行轮滑比赛或练习时,要佩戴护手,以防摔倒后擦伤和骨折。

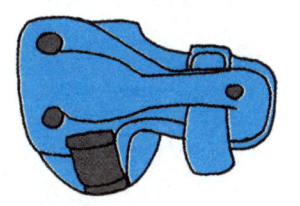

图 3-3-3

(三)腕用护套(见图 3-3-4)

腕用护套又称手掌护套,主要为防止手触地时手与手腕受伤。

图 3-3-4

(四)肘用护套(见图 3-3-5)

肘用护套是用来保护肘部的护套,护套套入手臂后,应移至肘的中央部分,用尼龙带扣粘好。

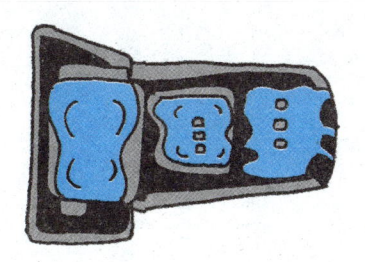

图 3-3-5

(五)膝盖用护套(见图 3-3-6)

膝盖用护套是用来保护膝盖的护套,佩戴时由脚自下而上套牢,系紧。

图 3-3-6

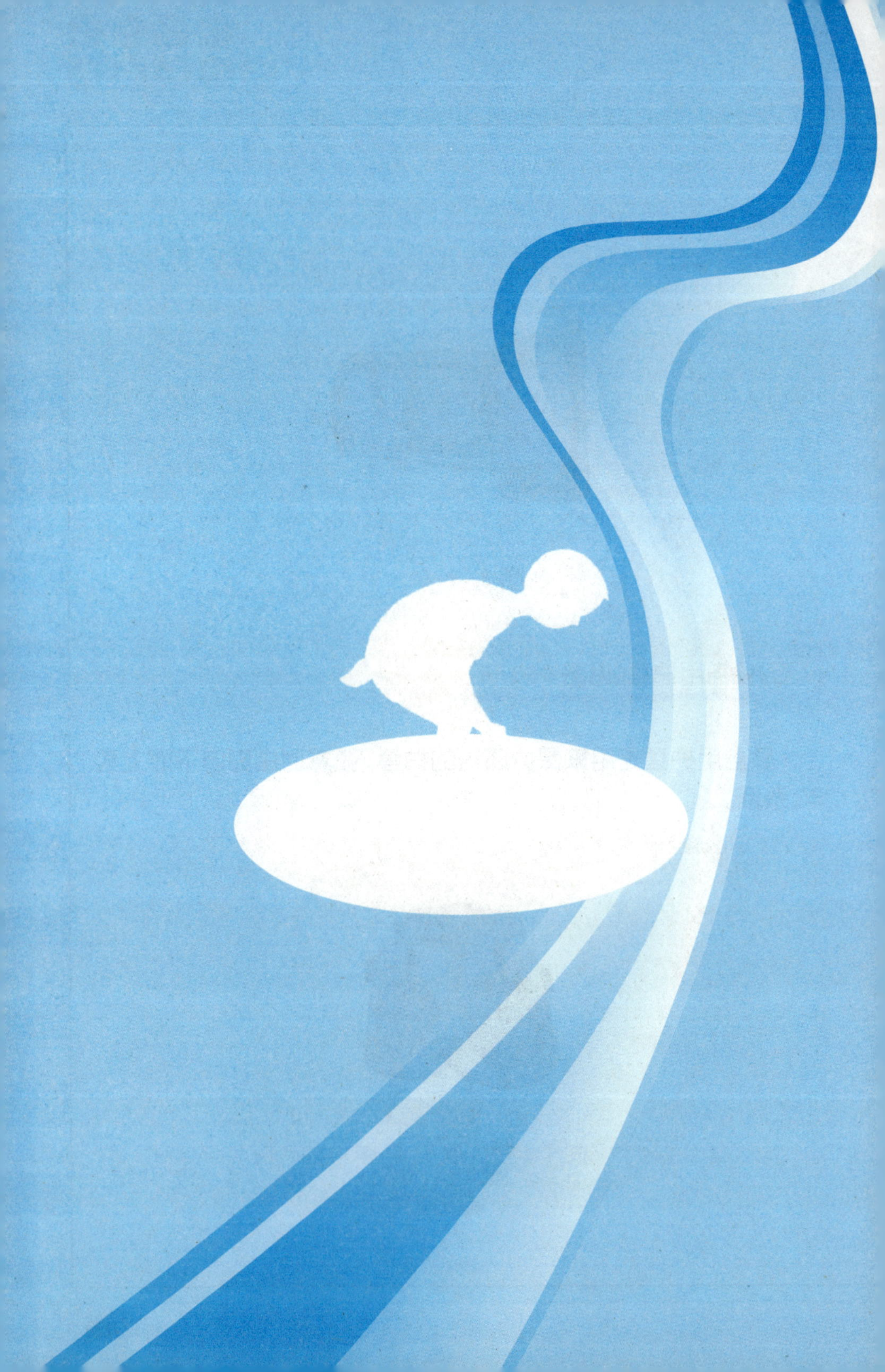

第四章 轮滑基本技术

速度轮滑是穿着特制的轮滑鞋，在规定距离内以速度快慢决定比赛胜负的滑跑运动项目。学习速度轮滑是一个漫长的、循序渐进的过程。速度轮滑的基本技术包括陆地模仿练习、滑行前练习、初步滑行练习、直线滑跑、弯道滑跑和起跑与冲刺等。

第一节 陆地模仿练习

陆地模仿练习是指在正式穿轮滑鞋进行练习前,不穿轮滑鞋做轮滑姿势和滑行动作的模仿练习。这种练习可以帮助初学者掌握正确动作、少走弯路,避免在滑行中过多地摔跤。它包括站立模仿练习和侧蹬模仿练习、移动模仿练习、交叉步模仿练习和速滑弯道完整技术模仿练习等。

一、站立模仿练习

站立模仿练习的动作方法(见图 4-1-1)是:

(1)上体略前倾,头保持正直,大腿蹲屈成 140°左右,小腿略前弓成 80°左右,两脚间距 20 厘米左右,身体重心放在脚心与脚掌之间,两脚均衡用力,全身自然放松;

(2)做好基本姿势后,两脚支撑,静止蹲至 10 秒,在此基础上,重心移至一只脚上静止蹲 10 秒,然后重心移至另一只脚上静蹲 10 秒,两脚交替进行。

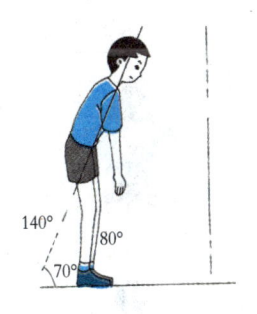

图 4-1-1

二、侧蹬模仿练习

侧蹬模仿练习的动作方法(见图 4-1-2)是:
(1)先做站立模仿练习,然后逐渐屈膝下蹲;
(2)上体向一侧倾倒,同侧的脚随着重心移至脚上时静止站稳,另一条腿向侧平行伸出;
(3)腿蹬直后收回至支撑脚侧站稳,换另一条腿向侧平行伸出并还原。

图 4-1-2

三、移动模仿练习

　　动作方法同上,只是侧蹬浮脚着地时落在支撑脚的侧前方,每次向前移动半脚至一脚的距离(见图 4-1-3)。

图 4-1-3

四、交叉步模仿练习

交叉步模仿练习的动作方法（见图 4-1-4）是：

（1）可站立做，也可半蹲姿势做；

（2）开始时重心向左侧移，左脚随之向左侧出一小步，左脚落地承接重心后，重心继续向左移动；

（3）此时右大腿带动小腿从左腿前放松移过，右脚落于左脚左方并承接重心，然后重心继续左移，左脚随之收回，并继续向左侧迈出，如此即可做连续交叉步。

图 4-1-4

五、速滑弯道完整技术模仿练习

速滑弯道完整技术模仿练习的动作方法(见图 4-1-5)是：
(1)从速滑基本蹲姿开始,右腿向右蹬出；
(2)蹬直后大腿带动小腿回收,同时重心向左脚的左前方移

动,右脚收回,并从左腿前移过左脚;

(3)此时左腿开始向右侧蹬地,右脚落在左脚的左前方,即重心下方,变成支撑脚;

(4)左腿蹬直后收回,并随着正在继续左移的重心向左擦地侧出,同时右腿又开始侧蹬;

(5)可连续做多次,还可让另一人拉住练习者的右手做牵引练习,以帮助练习者大胆地向左侧移动重心。

图 4-1-5

第二节 滑行前练习

初学者初次穿上轮滑鞋后,首先应从正确站立开始,掌握好身体平衡,逐渐提高重心的移动和平衡的能力,否则,如果急于滑跑,就难免摔跤。滑行前练习包括基本站立练习、原地移动重心练习和迈步移动重心练习等。

一、基本站立练习

正确的站立是学习滑行的基础,基本的站立姿势有丁字站立、八字站立和平行站立等。

(一)丁字站立

丁字站立的动作方法(见图4-2-1)是:
(1)两脚呈"丁"字站立,前脚跟靠住后脚的脚弓处,两膝略屈,重心落在后脚上;
(2)上体略前倾,脚下轮子不能滑动,使站立较平稳。

图 4-2-1

(二)八字站立

八字站立的动作方法(见图 4-2-2)是：
(1)两脚尖自然分开，两脚跟靠近，两膝略屈；
(2)上体略前倾，两臂自然下垂于体侧，重心落在两脚中间，防止两脚的轮子前后滑动，使站立平稳。

图 4-2-2

(三)平行站立

平行站立的动作方法(见图 4-2-3)是:

(1)两脚分开与肩同宽,两脚尖略内扣,保持两脚平行,膝部略屈;

(2)上体略前倾,身体重心落在两脚中间,平稳站立;

(3)这种站立方法对双排轮轮滑练习者较容易,而单排轮轮滑练习者在使用这种站立姿势时,开始可使两脚向内侧略倒,即用轮子的"内刃"着地,这样有利于平稳站立,但随着滑行能力的提高,要逐渐变为正直站立。

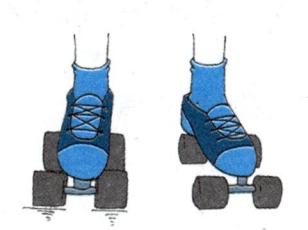

图 4-2-3

二、原地移动重心练习

原地移动重心练习，是由站立过渡到学习滑行的一个非常重要的练习步骤。它对控制身体重心移动和提高平衡能力有着重要作用，包括原地左右移动重心、原地踏步、原地蹲起和两脚原地前后滑动等。

(一)原地左右移动重心

原地左右移动重心的动作方法(见图 4-2-4)是:

(1)两脚平行站立,上体向一侧移动,逐渐将重心完全移至一条腿上;

(2)待平稳后,上体向另一侧移动,如此反复练习。

图 4-2-4

(二)原地踏步

原地踏步是向前迈步的基础,动作方法(见图 4-2-5)是:

(1)在八字站立的基础上,重心移至左脚上,右腿略屈上抬,使脚离地 10 厘米左右,然后落下站稳;

(2)按照同样方法抬起左脚,左右交替进行。

图 4-2-5

(三)原地蹲起

原地蹲起的动作方法(见图 4-2-6)是:
(1)两脚平行站立,做下蹲再起来的动作;
(2)开始时可先做半蹲,逐渐加大蹲的程度,直到深蹲;
(3)由慢至快,注意保持上体直立,屈伸踝、膝、髋三关节要协调。

图 4-2-6

(四)两脚原地前后滑动

两脚原地前后滑动可以提高对身体重心的控制能力和对滑动的适应能力,动作方法(见图 4-2-7)是:

(1)两脚平行站立,重心保持在两脚中间,两腿伸直,由大腿发力做前后滑动,两臂随其前后摆动;

(2)两脚滑动时始终保持平行,两脚距离由小至大,到相距 1 步大小时为止。

图 4-2-7

三、迈步移动重心练习

初学者掌握原地移动重心技术后,就应着手学习向前和向左右移动重心的练习。它是掌握正确滑行技术的基础,包括向前八字走练习、横向迈步练习和横向交叉步移动练习等。

(一)向前八字走

向前八字走的动作方法(见图 4-2-8)是:
(1)丁字步或八字步站立,一脚略抬起,向侧前方迈出一小步,脚尖略向外,呈八字步落地,同时身体重心迅速跟上;
(2)待重心落到前脚上,后脚再抬起向前迈出;
(3)两脚交替向前迈步走,步幅由小至大,注意始终保持正确的站立姿势,使重心能及时落至迈出脚上,保持好身体的平衡。

图 4-2-8

(二)横向迈步

横向迈步的动作方法(见图4-2-9)是:

(1)两脚平行站立,左脚向左横迈一步,随之身体重心迅速跟上;

(2)然后右脚向左脚靠拢着地;

(3)稳定后,右脚向右横迈一步,随之身体重心迅速跟上,左脚再向右脚靠拢着地;

(4)左右反复练习,体会身体重心横向移动的要点,为过渡到滑行打下基础。

图 4-2-9

（三）横向交叉步移动

横向交叉步移动是压步的基础动作,动作方法(见图 4-2-10)是：

（1）两脚平行站立,左脚向左横迈一步,随之身体重心迅速跟上；

（2）然后右脚收回,从左脚前上方越过,呈交叉步向侧移动；

（3）右脚着地后,左脚从右腿后收回,继续向左侧横向迈步着地,接着右脚再收回做交叉步,可练习做多次交叉步；

（4）该练习还应做向右交叉步,其动作方法与向左交叉步基本相同,只是方向相反。

图 4-2-10

第三节 初步滑行练习

初步滑行是打基础阶段，包括走步双脚滑行、单脚蹬地双脚滑行、交替蹬地交替滑行、走步转弯、惯性转弯和停止等。

一、走步双脚滑行

走步双脚滑行的动作方法（见图 4-3-1）是：

（1）向前走八字步，每连续走几步就会产生一定的惯性，此时两脚迅速并拢呈平行站立，借助惯性向前滑行，体会身体在滑行中的感觉；

（2）当滑行快要停下的时候，再走几步，再做两脚平行站立的滑行，反复练习；

（3）穿单排轮的轮滑鞋做该练习时，向前走时双脚应略向内侧倒,当两脚平行站立做惯性向前滑行时,则应尽力将两脚立直滑行。

图 4-3-1

二、单脚蹬地双脚滑行

单脚蹬地双脚滑行的动作方法(见图 4-3-2)是:

(1)双脚呈"八"字形站立,右脚用内刃蹬地,将重心推送至向前滑行的左腿上;

(2)右脚蹬地后迅速与左腿并拢呈两脚平行站立滑行;

(3)接着用左脚内刃(此时脚尖略偏向外)蹬地,将重心推送至向前滑行的右腿上;

(4)左脚蹬地后迅速与右腿并拢呈两脚平行站立滑行,如此左右交替反复进行。

图 4-3-2

三、交替蹬地交替滑行

交替蹬地交替滑行的动作方法(见图 4-3-3)是：
（1）双脚呈八字步站立，上体直立略前倾，膝和踝略屈；
（2）开始时，右脚用内刃蹬地，重心迅速移向左腿呈左腿支撑滑行；
（3）右脚蹬地后迅速收回向左腿靠拢，脚尖略偏向外侧，落地自然呈八字步，同时重心向右腿移；
（4）左脚开始向侧蹬地，呈右腿支撑滑行；
（5）左脚蹬地后迅速收回向右腿靠拢，脚尖略偏向外侧，准备落地，重心移动；
（6）两脚交替蹬地，交替单脚滑行，做连续滑行。

图 4-3-3

四、走步转弯

在做向前八字走或半走半滑时,可使用走步转弯来改变滑行方向,动作方法(见图 4-3-4)是:

(1)若向左转弯,每迈一步脚落地时略向左转动一点,路线逐渐呈弧线形,身体也就随之向左转弯;

(2)向右转弯的动作方法与向左转弯相同,只是方向相反。

图 4-3-4

五、惯性转弯

惯性转弯分为双排轮轮滑鞋惯性转弯和单排轮轮滑鞋惯性转弯。

(一)双排轮轮滑鞋惯性转弯

双排轮轮滑鞋惯性转弯的动作方法(见图 4-3-5)是:
(1)当向前滑行有一定速度后,两脚平行略靠近;
(2)如果向左转弯,左脚略靠前,右腿靠后,重心在两腿之间前三分之一处,左腿略弯曲,右腿伸直,身体重心向左倾斜,重量压在左脚和右脚的左侧轮处,借助滑行惯性向左滑出一较大弧线,身体就会自然地向左转弯;
(3)如果向右转弯,动作方向相反。

图 4-3-5

(二)单排轮轮滑鞋惯性转弯

单排轮轮滑鞋惯性转弯的动作方法(见图 4-3-6)是：

(1)当向前滑行有一定速度后,两脚平行略靠近;

(2)如果向左转弯,左脚在前、右脚在后,重心在两腿之间前三分之一处,转弯时身体重心向左倾斜,至两脚着地点的左侧,膝、踝成一直线并向左倾,使两只鞋轮的左侧着地,借助惯性就会自然地向左转弯;

(3)如果向右转弯,动作方向相反。

图 4-3-6

六、停止

初学者在掌握了初步滑行技术后,应学会简单的停止方法,这样就能掌握自己身体的运动方向和滑行速度,可以灵活地应对场地上发生的各种情况,避免冲撞等意外事故的发生。简单的停止方法包括转弯减速法和"T"形停止法。

(一)转弯减速法

转弯减速法是各种轮滑鞋练习者在各种场地条件下通用的减速方法,是一种用惯性转弯的动作消耗掉滑行惯性的方法,从而减缓速度,达到停止的目的。

(二)"T"字形停止法

"T"字形停止法适合初学者在滑速较慢时使用,特点是动作简单,但减速较慢,动作方法(见图4-3-7)是:

(1)当用左脚支撑滑行时,上体抬起直立,右脚外转横放在左脚后面,两脚呈"T"字形,用右脚的内侧轮横向与地面摩擦;

(2)两腿弯曲,重心下降并逐渐移向右脚,全脚掌着地以加大摩擦,减速到停止。

图4-3-7

第四节 直线滑跑

直线滑跑即向前滑行，它是速度轮滑中的一项滑跑技术。直线滑跑包括直线滑跑动作周期的构成、正确的滑跑姿势、惯性滑进与收腿、单脚支撑蹬地与摆腿、双支撑蹬地与着地和摆臂等。

一、直线滑跑动作周期的构成

直线滑跑是典型的周期性运动，一个动作周期由左、右两个单步构成，而每个单步又由单脚支撑和双脚支撑滑进构成。其中，单脚支撑滑进包括惯性滑进和单脚支撑蹬地，这是支撑腿的动作；与之相对应的浮腿动作是收腿、摆腿和着地动作，并与支撑腿协调一致。速度轮滑的直线滑跑过程中，一个动作周期应由 6 个阶段、12 个动作构成，其详细构成和动作间的协调对应关系见表 4-4-1。

表 4-4-1

6 个阶段	左	惯性滑进	单支撑蹬地	双支撑蹬地	惯性滑进	单支撑蹬地	双支撑蹬地
12 个阶段	左	惯性滑进	单支撑蹬地	双支撑蹬地	收腿	摆腿	着地
动作	右	收腿	摆腿	着地	惯性滑进	单支撑蹬地	双支撑蹬地

二、正确的滑跑姿势

正确的滑跑姿势，可有效地减少高速前进中的阻力、增加前进中的推进力，还可节省体力，动作方法（见图4-4-1）是：

（1）上体前倾至与地面成15°～30°度的角度，肩略高于臀部，上体放松；

（2）腿部蹲屈，膝关节角度一般为117°～135°，踝关节角度一般为76°～85°，选择的屈蹲角度应与个人的训练水平和腿部力量相适应。

图4-4-1

三、惯性滑进与收腿

惯性滑进与收腿是在长距离滑行中运用较为普遍的一种技术方法,特点是省力、持续时间较长,动作方法(见图 4-4-2)是:

(1)一腿蹬地结束后,另一腿承接身体重量,维持好身体的平衡,借助惯性速度向前滑进;

(2)尽可能地保持蹬地已获得的速度,避免速度过分下降,同时还要充分放松蹬地用力的肌肉群,为下一次蹬地做好准备;

(3)收腿时,借助蹬地结束时肌肉绷紧的余力,腿向侧方抬起,在大腿的带动下,膝盖内转,从侧位收至后位;

(4)收腿动作能够充分放松浮腿,加速身体的倾倒和重心移动,收腿动作的路线是弧线,而非直线。

侧面

正面

图 4-4-2

四、单脚支撑蹬地与摆腿

单脚支撑蹬地与摆腿阶段由身体重心偏离支点开始,到浮腿着地止,这个阶段是展腿用力和发挥速度的主要阶段,是滑跑技术的核心部分,动作方法(见图 4-4-3)是:

(1)浮腿的大腿积极内压、髋关节积极伸展挤臀,使身体重心产生横向位移,即身体重心回倒,投影点离开轮子的支撑中心;

(2)身体重心产生了横向移位的同时,迅速产生纵向移位,即支撑腿加速伸展蹬地,蹬地角度减小,蹬地腿的肌肉群全部收缩,以最大力量加速推动重心前移。

轮滑滑板

侧面

正面

图 4-4-3

五、双支撑蹬地与着地

双支撑蹬地与着地阶段由浮脚着地开始,到蹬地腿离地为止,这个阶段非常短暂,仍用原支撑腿继续完成蹬地动作,动作方法(见图4-4-4)是:

(1)单脚支撑蹬地动作的基础上,继续用力伸展膝关节,并在支点明显偏于后侧时,以最快的动作结束膝、踝关节的伸展;

(2)支撑腿三个关节充分伸直,结束蹬地动作,在刹那间完成重心转移。

侧面

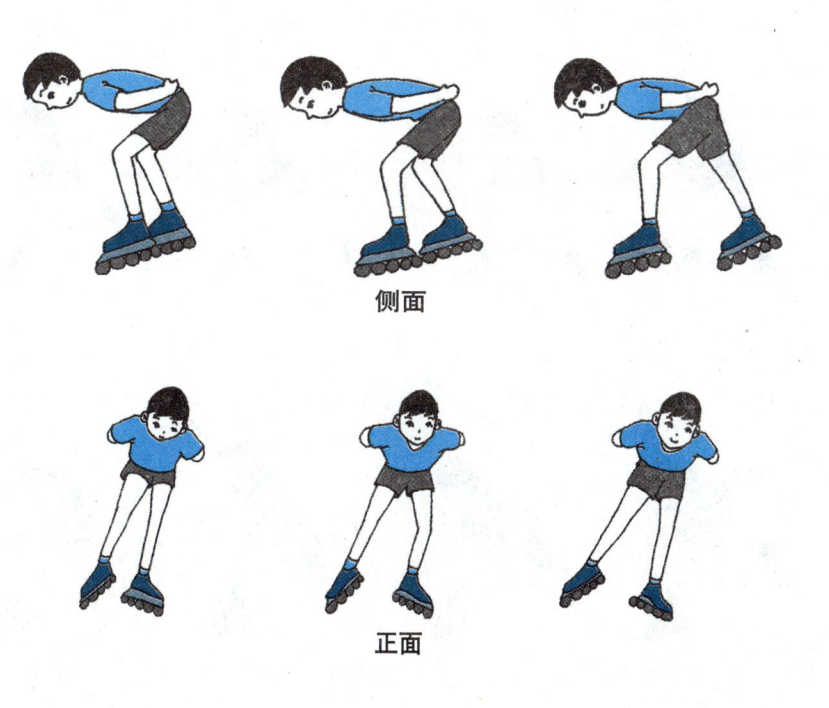

正面

图 4-4-4

六、摆臂

摆臂是与支撑腿蹬地动作协调配合的动作,它可有效地提高蹬地的力量和加快重心的移动,主要用于短距离滑跑和终点冲刺,动作方法(见图4-4-5)是:

(1)左腿蹬地时,左臂向右前上方摆,右臂向右后上方摆;
(2)右腿蹬地时,右臂向左前上方摆,左臂向左后上方摆;
(3)以肩为轴,协调地配合支撑腿的蹬地动作。

LUNHUA JIBEN JISHU 轮滑基本技术

图 4-4-5

第五节 弯道滑跑

弯道滑跑技术即弯道压步技术。在高速滑跑运动中,滑行者在很大的圆周路线上,甚至在侧坡条件下,不仅不能减速,反而要力争通过压步动作来加速,这就需要熟练掌握弯道滑跑技术。弯道滑跑包括弯道滑跑动作的构成、正确的弯道滑跑姿势、左腿单支撑蹬地与右腿摆腿、左腿双支撑蹬地与右脚着地、右腿单支撑蹬地与左腿摆腿、右腿双支撑蹬地与左脚着地和弯道摆臂等。

一、弯道滑跑动作的构成

弯道滑跑的一个动作周期由左脚与右脚两个单步构成,其动作构成与直线滑跑有所不同。在快速弯道滑跑时,没有惯性滑进阶段,两腿一直处于不断交替蹬地的过程。弯道上的每一个单步动作都分为两个阶段,即单脚支撑阶段与双脚支撑阶段。单脚支撑阶段可分解为两个动作,即单脚支撑蹬地与浮腿的摆腿。双脚支撑阶段可分解为双脚支撑蹬地与浮脚的着地。弯道滑跑的一个完整的动作周期由4个阶段、8个动作构成(见表4-5-1)。

表 4-5-1

4个阶段	左单支撑蹬地阶段		左单支撑蹬地阶段	左单支撑蹬地阶段	左单支撑蹬地阶段
8个阶段	左	单支撑蹬地	双支撑蹬地	摆 腿	着 地
	右	摆 腿	着 地	单支撑蹬地	双支撑蹬地

二、正确的弯道滑跑姿势

速度轮滑的弯道滑跑是由高速直线运动急剧改变运动方向、转入圆周上的运动。弯道滑跑姿势比直线滑跑姿势还要低一些，而且需要一直向左侧倾斜，倾斜度必须与滑跑速度、弯道圆弧的半径相适应，否则不是因失去平衡而摔倒，就是被离心力甩离弯道。正确的弯道滑跑姿势（见图4-5-1）是：

（1）在高速弯道滑跑时，为了更顺利地进入滑跑弯道和产生更大的前冲力量，身体重心的投影点应该始终在弯道曲线的内侧，并始终处于偏前的趋势；

（2）这种滑跑姿势会使整个弯道动作变得更加积极主动，不仅能产生更大的蹬地力量，还能使节奏加快，有利于提高弯道速度。

图 4-5-1

三、左腿单支撑蹬地与右腿摆腿

高速弯道滑跑没有惯性滑进阶段,当蹬地腿开始离地收腿时,支撑腿便开始单支撑蹬地动作。因此,当右腿蹬地结束、开始收腿时,左腿蹬地动作就开始了。这一阶段自右腿离地起,到重新着地止,动作方法(见图 4-5-2)是:

（1）首先髋关节开始伸展，使身体重心轨迹加速向弯道内侧偏离，在髋关节伸展的同时，压低膝、踝关节，身体重心集中地压在支撑腿（左腿）上；

（2）此时，右腿蹬地结束，弹离地面，借助反弹力迅速屈膝放松，在重力与收缩肌肉的作用下，大腿带动小腿开始向左前方支撑腿加速移动；

（3）当右腿从左脚上方越过时，左腿膝关节加速伸展蹬地，此刻蹬地力量最大；

（4）当右腿超过左脚时，小腿应在大腿的后面，脚尖朝下，右腿的交叉使左腿的蹬地角度迅速减小，加上右腿的摆动动作，会有效地提高左脚的蹬地效果。

图 4-5-2

四、左腿双支撑蹬地与右脚着地

左腿双支撑蹬地与右脚着地阶段自右脚着地起,至左脚离地止,动作方法(见图4-5-3)是:

(1)在上一阶段的基础上,左腿的膝关节继续加速伸展蹬地;

(2)此时,左腿的蹬地角度越来越小,蹬地的支点迅速偏后并远离圆周曲线,膝、踝关节以最快的速度伸展,结束蹬地动作。

图 4-5-3

五、右腿单支撑蹬地与左腿摆腿

右腿单支撑蹬地与左腿摆腿阶段自左脚离地始,到重新着地止,动作方法(见图 4-5-4)是:

(1)左腿借助弹离地面时的反弹力迅速屈膝,肌肉充分放松,借助重力和肌肉收肌的作用加速向右腿移动,左脚则紧贴地面向左前方移动;

(2)右脚蹬地角度减小,左腿摆腿动作的加速会有效地增加右腿的蹬地力量。

图 4-5-4

六、右腿双支撑蹬地与左脚着地

右腿双支撑蹬地与左脚着地阶段自左脚着地起,到右脚离地止,动作方法(见图 4-5-5)是:

(1)当左脚着地时,右脚蹬地的支点已经明显偏后,并远离弯道弧线;

(2)此时,蹬地的右腿膝、踝关节必须以最快速度伸展,结束蹬地动作,否则会迅速失去有力的蹬地支点而造成蹬地无力。

图 4-5-5

七、弯道摆臂

弯道左、右臂的摆动，都必须协调地配合蹬地腿的伸展用力动作，力求加速重心的前移、加强蹬地的力量，动作方法（见图4-5-6）是：

（1）右臂以肩为轴，上臂带动前臂前后摆动，摆动的高度可略过肩；

（2）左臂的摆动与右臂不同，大臂贴身前后摆动，摆动的幅度相对要小，这是保持倾斜姿势所必需的，但是摆动要短促有力，这样才能有效地增加蹬地力量。

图 4-5-6

第六节 起跑与冲刺

起跑和冲刺技术的合理运用是保证速滑比赛取胜的重要手段。起跑的好坏直接影响着滑行途中速度的快慢,而冲刺的技巧在比赛尾声是最为重要的。

一、起跑

起跑是各项距离滑跑的开始,它的任务是在最短时间内获得较大速度,包括预备、起动、疾跑和衔接等阶段。

（一）预备

预备姿势有多种，其中较常用的是前点地预备姿势，动作方法（见图 4-6-1）是：

（1）面对起跑方向，两脚分开，两脚间相距 35～55 厘米，两脚间开角为 50°～70°，前脚与起跑线成 65°～70°角，后脚与起跑线成 10°～15°角；

（2）上体前倾，两臂自然下垂，身体重心放于两脚中间或偏前一些，蹲屈程度可根据腿部力量和个人特点而定。

图 4-6-1

(二)起动

起动是加速的开始,良好的起动技术可以直接导致滑行速度加快,动作方法(见图 4-6-2)是:

(1)听到发令枪声后,迅速抬起前脚,后脚用力蹬地、迅速伸直;

(2)上体前倾,髋关节前送,两臂用力摆动,整个身体迅速向前冲去。

图 4-6-2

（三）疾跑

疾跑是加速的关键阶段，动作方法（见图4－6－3）是：

（1）疾跑阶段姿势较高，频率较快，蹬地有力；

（2）随着滑速的提高，姿势由高变低，滑出角由大变小，蹬地用力方向逐渐由向后变为向侧后，步伐由小变大，逐渐向滑跑过渡。

图4－6－3

(四)衔接

运动员在疾跑阶段已经获得了相当大的速度,衔接阶段就是将这一速度转移到途中滑跑的速度上,动作方法(见图 4-6-4)是:

在获得速度后,通过 1~2 步的调整,将疾跑与途中滑跑有机地衔接起来。

图 4-6-4

(五)侧面起跑方法

在了解了起跑的基本技术要领后,再向大家介绍一种较为实用的起跑方法——侧面起跑法,动作方法(见图 4-6-5)是:

1. 预备姿势

(1)当听到发令员喊"各就位"时,运动员应以直立姿势站好;

(2)当听到"预备"口令时,侧身对着起跑方向,两脚平行站立,与肩同宽,用内刃压紧地面;

(3)将有力脚放在后面,两脚与起跑线成 20°～30°角,体重放在两只脚上,两腿略屈,膝盖内压,上体前倾,前臂自然下垂;

(4)后臂侧后平举,高度不超过肩,目视前方 8～10 米处,听到枪声立即起跑。

2. 起动

(1)听到枪声时,前脚略抬离地面,迅速外转向前,同时用力蹬直后腿,身体前倾,配合下肢动作;

(2)小幅度摆动双臂,外转向前的前脚,用内刃蹬踏地面,臀部前送,伸直后腿时的蹬地角为 45°左右。

图 4-6-5

二、冲刺

冲刺是滑跑全程中最后一段跑程中的拼搏，是决定比赛胜负的关键，动作方法（见图 4-6-6）是：

（1）保持最合理的滑跑技术，必要时可以改变滑跑姿势，缩短惯性滑进时间，加快节奏，提高频率，以赢得更多的蹬地加速，避免速度下降；

（2）冲刺距离的长短，取决于滑跑的项目和自身的技术水平，即项目距离越长，自身技术水平越高，冲刺距离就越长；

（3）要摆臂滑跑，力求提高速度。

图 4-6-6

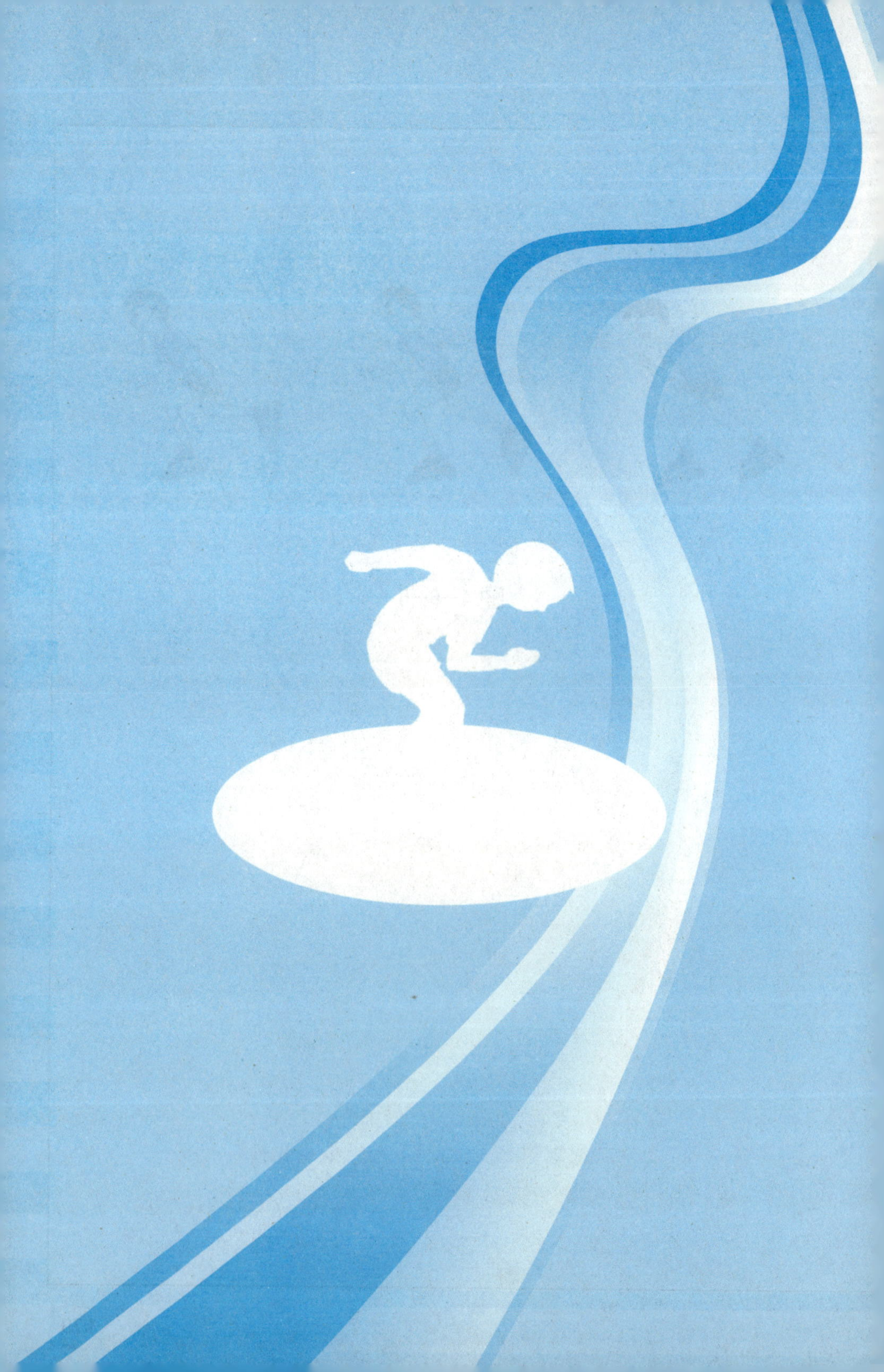

第五章 轮滑基础战术

在场地速度轮滑比赛中，除了300米和500米是单人滑跑外，其他项目均为集体出发。由于场地较小，滑行速度快。运动员若想取得胜利，除了依靠技术和体力外，战术的运用尤为重要。在比赛中，若不具备一定的战术意识并付诸行动，想要取得最后的胜利是很困难的。场地速度轮滑的基础战术包括抢占有利位置和超越等。

第一节 抢占有利位置

抢占有利位置一般是指在起跑时，运用爆发性的速度抢在其他运动员的前面，来占据前 2～3 名运动员的位置。在速度轮滑比赛的起跑时抢占有利位置并保持领先地位，对取得理想成绩有着非常重要的意义。从体力上说，有了领先地位可以避免消耗体力和精力，并且在心理上可以增强胜利的信心。取得领先地位后，应在规则允许的条件下不让其他人超越，常用的方法有两个，即双摆臂扩大身体的空间区域和控制好场地的重要区域。

(一)双摆臂扩大身体的空间区域

双摆臂可以扩大身体的空间区域，使后面的运动员在近处无法超越，而在远处由于受场地和体力的影响，也很难冲过去。

(二)控制好场地的重要区域

进、出弯道和直道的中间地段是超越人的重要区域，如果能够控制好这三个区域，就能保证领先地位。所以，在进、出弯道时一定要贴住弧线，不让对方从内侧超越。在直道滑行时，步幅要大而宽，并随时保持能加速的状态，如果对方要加速超越，则要马上加速使其超不过去。

第二节 超越

　　起跑后若没有抢到前三名的有利位置,继续滑下去则有可能被淘汰或取不到好名次,或者虽然占据了第二或第三的有利位置,在比赛的后半程或冲刺时还应设法争取更好的名次,这时就应在不犯规的情况下,千方百计地运用超越战术滑上去。

　　速度轮滑比赛中超越对方的情况很复杂,有企图超越者,就必然会遇到反超越,困难肯定会很多,因此必须做好准备,选择恰当的时机、合适的区域和位置、运用合理的技术动作,保证在不犯规的情况下超越过去。

　　根据比赛的实践,运动员主要超越的区域是入弯道处和出弯道处及直道的中间段,其中成功率最高的是出弯道区,其次是入弯道区,再次是直道区域。弯道途中很少超越,即使超越,成功率也很低。

　　超越前首先要能紧紧跟随领先队员,一步不能落下,待领先队员出现滑跑不正常、体力不佳或战术疏漏等情况时,要立即抓住机会超过去。超越的方法一般是:入弯道时从内侧超越,出弯道时也从内侧超越,在直道时内、外侧都可超越。超越前要有足够的思想准备和体力储备,一旦出现机会,即能用两三个快而有力的短促蹬步超过去。

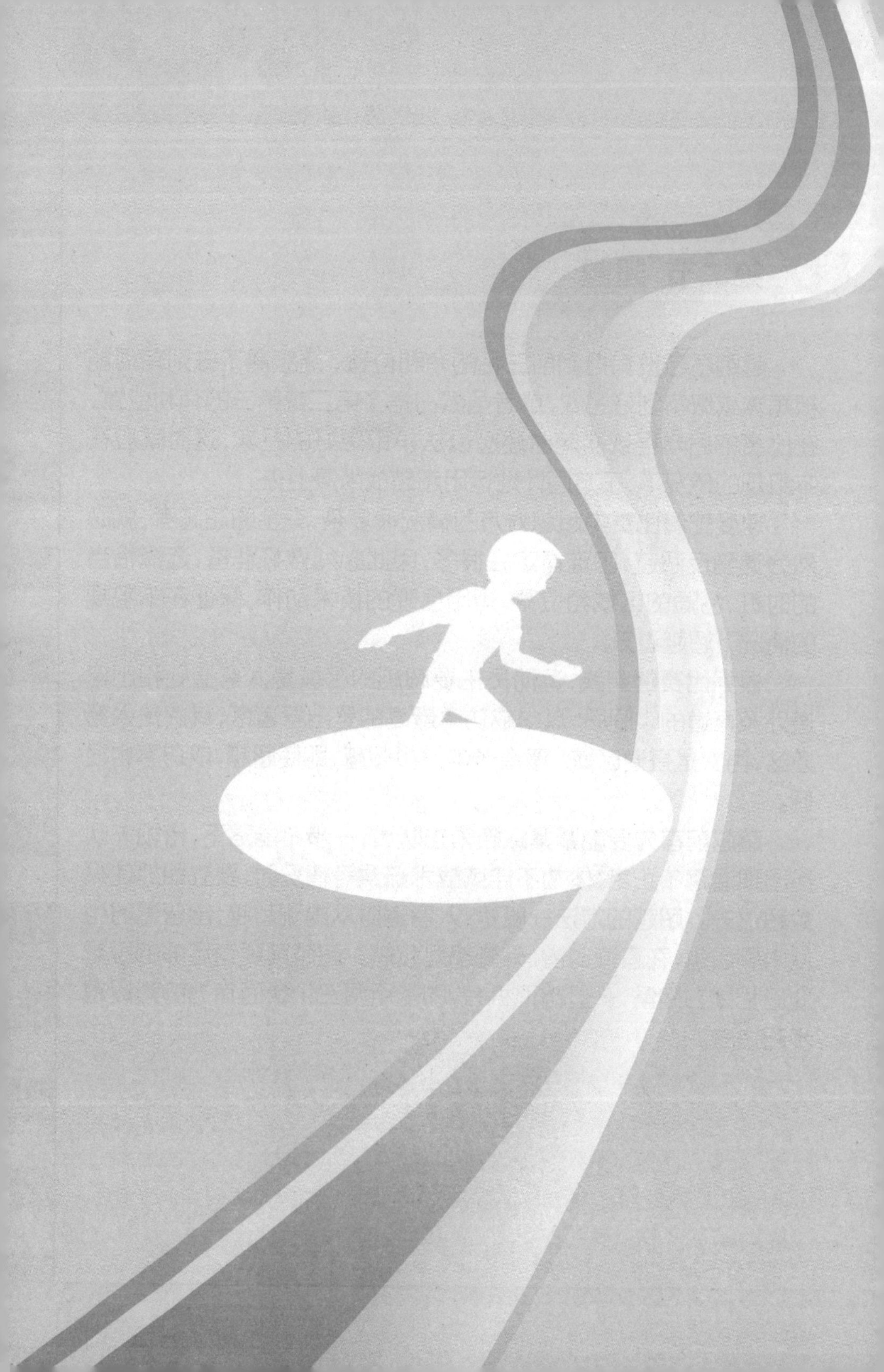

第六章 轮滑比赛规则

没有规矩不成方圆。运动的乐趣不仅来源于运动技巧，在规则的指导下，合理规范的进行体育锻炼，可以让锻炼者得到极大的充实与满足感。本章主要介绍轮滑比赛的程序、裁判的相关判罚，以及常见的犯规情况。

第一节 程序

比赛程序是指参赛队员在参加比赛之前和比赛过程中，以及比赛结束时所要注意和遵守的相关规则和违规处理情况。

一、参赛办法

参赛办法如下：
(1) 要求参赛队员佩戴头盔和相关护具；
(2) 检查轮滑鞋是否安有非法助力装置；
(3) 在端线前站好等待发令。

二、比赛方法

(一) 起跑

1. 起跑的要求

所有比赛的起跑均为站立式，用发令枪或哨子发出起跑信号。起跑犯规时，裁判员把运动员召回到起跑点，运动员回到原位，裁判员重新发出起跑信号。起跑前，两次点名未到的运动员，即被取消比赛资格。

2. 重跑

起跑信号应在运动员站在起跑线后，在相距 50 厘米处发出，运动员的位置按其划分的跑道而定。集体起跑时,运动员站在起跑线后排好队,发令员在相距50厘米处发两次信号,第一次信号是"预备"口令,第二次鸣枪起跑。如遇下述情况,经裁判员示意后应重新起跑:

(1)逆时针比赛中,由于机械发生故障、跑道出现问题而导致运动员摔倒;

(2)集体起跑时,一名运动员摔倒而使其他运动员在距起点130米内也导致运动员摔倒;

(3)在发起跑令前起跑,第一次抢跑给予警告,3次抢跑取消违规运动员比赛资格;

(4)300米计时比赛起跑时,运动员两脚轮子不得移动,但身体可以摆动。预备线距起跑线50厘米,运动员其中一脚轮子必须在两线之间。运动员的起动有10秒的限定时间,如果在10秒内不起动,发令员将宣布该运动员退出比赛。

(二)滑跑规则

(1)除轮滑鞋出故障外,严禁运动员得到任何方式的帮助;

(2)运动员应沿预定直线滑行,不得拐弯或偏向一侧。在最后直线跑道时领先的运动员不得妨碍紧跟其后的运动员,并要保持直线滑行,违规者将令其退至所妨碍的运动员的后边滑行;

(3)在滑弯道时,除非内侧有足够地方可供滑行,否则只能从右侧超越。从右侧超越时,不得妨碍他人滑行;

(4)不得推人或插入其他运动员前面,禁止撞人、拉人、推人、阻碍或协助其他运动员;

(5)在进行场地赛或封闭式环行公路赛时,被超越的运动员不得阻碍和协助其他运动员超越别人;

(6)禁止运动员的轮滑鞋触及比赛路线界线以外的地方;

(7)只要不妨碍比赛进行,运动员可以修理出故障的轮滑鞋,必要时可以更换已损坏的鞋;

(8)运动员摔倒时,不得由他人协助,否则将被取消比赛资格;

(9)参加比赛的运动员要公正、热情,对人怀有恶意或明显不合格者要被除名;

(10)在公路或开放式跑道进行团体赛时,运动员要遵守上述规则,并要保持右侧滑行,不得越过中线。同时,要严格遵守组织者作出的指示;

(11)退出比赛的运动员,要到终点通知裁判组成员,以便根据其情况确定名次。

(三)到达终点

(1)到达终点是根据运动员轮滑鞋轮子通过终点线的时间决定运动员名次的,在自由换人接力赛中,以该队最后一名运动员的轮滑鞋轮子通过终点线为准;

(2)计时比赛中,以运动员到达终点的时间判定名次;

(3)定时赛中,时间到时运动员所滑到的地点即为终点。

第二节 裁判

学习和了解裁判方法，对于我们掌握裁判员的判罚尺度、提高比赛成绩、合理有效地运用规则有很大的帮助。

一、裁判人员

轮滑比赛的裁判人员包括：裁判长1人，副裁判长2人，记录裁判员2人，监道裁判员2人，终点裁判员4人，计时裁判员6人，发令裁判员2人，计圈裁判员2人，检录裁判员2人。裁判人数可根据比赛规模适当增减。

二、计时

（1）每位计时裁判员须独立工作，不得互相对表；

（2）比赛使用的秒表必须是赛会主管机构批准的经检验、鉴定后的秒表；

（3）每3人为一个计时小组，3个计时表所记录时间相同，此时间为正式成绩，如果3个计时表有所不同，以平均成绩为准，如果3个计时表中只有2个表显示成绩，以较劣的成绩为准；

（4）计时员开表是以看到发令枪烟升起的瞬间为准，停表以轮子触及终点线为准，计时取到0.01秒。

三、规则

（1）运动员在场地跑道或封闭式环行公路集体赛时，如因被超过或即将被超过而阻碍比赛进行，应取消该运动员的比赛资格。

（2）集体赛中，有数人集体到达终点，不可能确切分出名次时，他们的名次相同，名字按字母顺序排列；

（3）在逆时针比赛中，有两名或两名以上运动员同时到达终点，要进行复赛决定名次；

（4）每名运动员在个人比赛中所取得的成绩要在他们到达终点后立即宣布。

滑板

第七章 滑板概述

　　滑板运动是由海上冲浪运动演化而来的，是冲浪运动在陆地上的延伸。这项运动的动作炫目，形式自由，参与者能够在运动过程中体验到一种别样的刺激。

第一节 起源与发展

滑板运动是一项新兴的体育项目,起源于 20 世纪 60 年代,由于它动作炫目、刺激,所以很快就得到广大青少年的喜爱。

一、起源

滑板运动是冲浪运动在陆地上的延伸。20 世纪 50 年代初,美国西海岸是冲浪爱好者的天堂。人们使用普通木头或价格昂贵的轻木制成冲浪板,在风口浪尖上寻找乐趣。

20 世纪 50 年代中期,用模压聚氨酯泡沫和玻璃纤维制作的冲浪板取代了木制冲浪板,这些新型冲浪板的机动性和耐用性使得冲浪运动在 50 年代末大为流行。

然而,由于冲浪运动受到地理环境和气候条件的限制,人们无法随时随地享受这种运动的乐趣。20 世纪 60 年代,一些极富想象力的年轻人受到冲浪板的启发,将滑轮的支架安装到一块厚木板上,然后再装上轮子,就制成了最初的滑板。

二、发展

滑板运动自问世以来发展迅速,器材不断更新换代,技术动作也日益完善。

(一)滑板器材更新换代

1. 第一代滑板

第一代滑板的制作方法非常简单——一块木板(50厘米×50厘米)固定在轮滑的铁轮子上。即使是这样一个简单的运动器械,由于能够给人们带来跟冲浪一样的心理感受,所以也受到了广泛的关注。

2. 第二代滑板

第二代滑板诞生于1962年,是由15厘米×60厘米的板面(由橡木多层板压制而成)、轮滑转向桥和塑料轮子组成的。

与第一代滑板相比,第二代滑板在技术上有了巨大的改进。但是,这种滑板的塑料轮的性能还是很不理想,过小的附着摩擦力使滑板在急转弯时容易失控,低弹性则使滑板在遇到微小的障碍物也会骤然停下,把滑手摔下来,同时它的耐磨性也很差。

尽管如此,这种滑板仍然受到滑手们的普遍欢迎,因为相对宽大的板面使滑手们很容易站立和操纵。

3. 第三代滑板

1973年,一个叫弗兰克·纳斯沃西的滑板爱好者第一次把聚氨酯轮子安在他的滑板上,取得了意想不到的效果,第三代滑板由此诞生。第三代滑板的轮子不仅耐磨,而且可以使滑板安全稳当地急转弯,轻而易举地碾过小障碍物,甚至可以滑上垂直表面。

20世纪70年代中期是第三代滑板飞速发展的时期,硬塑、铝合金、玻璃纤维,甚至高科技的碳素复合材料都被用来试制滑板。此外,凹型滑板尾部的设计和应用使第三代滑板的发展更进了一步。

4. 第四代滑板

20世纪80年代末,随着滑手们对滑板技巧要求的提高,以及为了适应U型池双向滑行的需要,一种与前三代滑板形状完全不同的两头翘起、形状对称的滑板出现了,这就是第四代滑板。

第四代滑板采用硬岩枫为材料,重量更轻,弹性更好,而且滑板轮硬度高、弹性好,更适合高速滑行。由于这种滑板重量平衡,更适合做各种翻转动作。

(二)滑板文化形成

滑板运动是从冲浪运动衍生而来的,所以最初的滑板文化基本上是带有冲浪印记的文化,20世纪70年代以前的滑板场地大多是模拟冲浪地形建造的。

20世纪70年代以后,滑板爱好者和滑板场地建造者们意识到滑板比冲浪板的阻力小,重量轻,就开始建造更适合滑板运动的地形,以取得更大的速度和机动性,更利于表现自我。

美国加州圣莫尼卡的"西风"滑板队把废弃的钥匙孔型游泳池作为练习垂直表面滑板的场地,一时间在加州掀起了寻找游泳池的热潮。

此后,滑板运动在器材、场地以及人员上,从冲浪运动中彻底分离出来,成为一支突起的新军。这支新军不涉足冲浪,一心钻研滑板,开始形成自己的语言、技巧、服饰和音乐风格,同时形成了新生的、以城市为主导的滑板文化。

(三)技术动作发展

20世纪90年代初,第四代滑板逐渐普及后,运动过程中出现了许多前一代滑板不可能完成的动作,滑板运动进入了技巧性动作时代。同时,为了使滑板更容易翻转,滑板板面变得很窄,轮子变得很小,一块典型的滑板宽度只有7英寸(约18厘米),而轮子直径只有39毫米左右,这样的滑板更易于做出各种复杂的动作。

第二节 特点与价值

滑板运动之所以发展迅速、风靡全球,这与它的特点和价值是分不开的。

一、特点

滑板是一项以滑行为特色、崇尚自由的运动。它不同于传统运动项目,不拘泥于固定的动作模式,需要滑手自由发挥想象力,在运动过程中强调身心自由,推崇与自然相互融合的运动理念,滑行者可以享受创造和成功的喜悦。

二、价值

(一)增强身体柔韧性

进行滑板运动时,丰富多变的动作能够使身体的各个部位充分伸展,各个关节充分拉伸,从而激活僵硬的身体,使身体的柔韧性增强。

(二)锻炼身体协调能力

优美流畅的滑板动作需要身体各部位和各关节的充分配合和协调,上下起伏的动作变换使身体重心不断切换,从而使身体的协调平衡能力在无形中得到锻炼。

(三)愉悦身心

滑板运动动作丰富,自由度强,青少年在运动过程中可以充分展示自己的创造才华,发挥自己的想象力,在完成炫目的技术动作的同时愉悦身心。

第八章 滑板场地、器材和装备

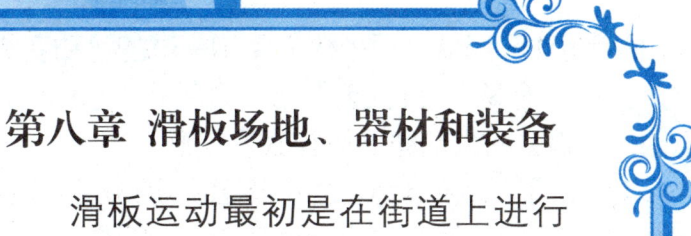

　　滑板运动最初是在街道上进行的，滑行者在公共设施上（如路边的栏杆、公园的长椅等）滑上滑下。正规的滑板运动要在正式的场地上进行，并且要有标准的器材和必要的装备。

第一节 场地

滑板运动已经从一项少数人偶尔一试的运动变成了一项广受欢迎的运动。但除了专门的场地外，大部分地方都是禁止滑板运动的，因为滑板会极大地磨损那些公共设施。

现在专门的滑板运动场地不断出现，滑板夏令营也越来越多。在这些场地中出现了专门为滑板运动设计的栏杆、阶梯以及斜坡，从这些设计上可以找到当年那种街头滑板的影子。滑板爱好者可以在这里找到自己的乐园。

一、马路式

马路式是滑板运动的最基本方式，人行道、台阶、护栏是最好的场地。马路式的特点在于随机性大，观赏性强，可以充分利用地形，无所不往，无障不越，滑手陶醉在无拘无束的自我表现里，观者沉浸在极大的感官刺激中（见图 8-1-1）。

图 8-1-1

二、下坡式

在盘山公路或其他有坡度的地形上,可进行类似于高山滑雪的滑板运动(见图 8-1-2)。

图 8-1-2

三、半管式

半管式又称 U 形池,因场地像半个管子而得名。由于运动的高位能和滑板的低阻力,滑手可以获得足够的高度,做出空翻、转体、倒立等技术动作(见图 8-1-3)。

图 8-1-3

第二节 器材

选择标准的器材进行滑板运动是非常重要的。滑板是由几种不同的部件组成的,由于运动方式和适用地形的不同,部件也有所差异。

一、构成部件

一般来说,滑板由板面、砂、桥、滑板轮和轴承等部件组成。

(一)板面(见图8-2-1)

滑板板面一般是用5层、7层或9层枫木板制成,也有用铝合金、碳纤维等材料制作的。板面、板头和板尾都是翘起的。

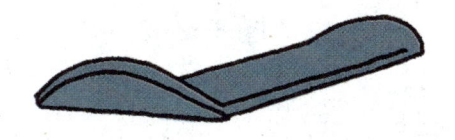

图8-2-1

(二)砂

砂 1 张,粘在板面的上表面,用来增加板面与鞋底的摩擦力,便于控制滑板。

(三)桥(见图 8-2-2)

桥 2 个,是金属做成的部件,固定在板面下面,轮子装在桥上。桥可以使轮子转弯,而且可以调节转弯速度和角度。

图 8-2-2

(四)滑板轮(见图 8-2-3)

滑板轮 4 个,是用聚氨酯做成的。轮子有不同的直径、形状和硬度。小的轮子启动快,但是后劲不足,适合做技巧性动作;大的轮子比较容易在不太平坦的地面上滑行。

图 8-2-3

(五)轴承

每个轮子里面装有 2 个精密的轴承。轴承有不同的精度和耐久性。一般轴承都有一个 ABEC 标志,从 ABEC-1(一般精密)到 ABEC-7(最精密)。

二、板面术语

(一)长度

长度是指从板头顶端到板尾顶端的总长。最好使用长于 80 厘米的板,这样,在身体从空中落下来的时候更容易落到板面上,而不是地上。

(二)宽度

很多人喜欢比较窄的板(19~20厘米),而大多数世界级滑手却喜欢宽一点的板(大于21厘米),这虽然取决于个人喜好,但也有一定的选择标准:

(1)宽度在22厘米以上的板面基本上是U池板面,在U池上滑行时更加稳固;

(2)宽度在19厘米左右的板面大多用于平坦的路况,配上小轮子后,做起动作来更加灵活快捷。

(三)桥距

每个桥使用4个螺丝固定在板上,桥距就是前后桥的内侧螺丝孔之间的距离。这个距离一般为35.6厘米左右。桥距越小转弯越灵活,但稳定性低,高速滑行时容易拐来拐去;桥距越大,稳定性越高,但转弯不灵活。

(四)板头长度

板头长度是指板的前端到前桥最前面的螺丝孔之间的距离。

(五)板尾长度

板尾长度是指板的后端到后桥最后面的螺丝孔之间的距离。

第三节 装备

滑板是一项刺激、惊险的运动,参与者一方面要通过服装、背包等展示个性,另一方面也要佩戴好运动护具,防止意外事故的发生。

一、滑板鞋

滑板鞋的质量,对一名好的滑手来说也是非常重要的。一般情况下,选择滑板鞋时要注意耐磨性和舒适性(见图 8-3-1)。

图 8-3-1

(一)耐磨性

滑板鞋的鞋底和鞋帮的材料最好是聚氨酯,鞋面最好是厚实的翻毛牛皮,这样比较耐磨。在选鞋时要尽量不选那些有接线的鞋,这样可防止滑板鞋过早地因脱线而报废。

(二)舒适性

技巧细腻的滑手比较喜欢用较薄的滑板鞋。这些滑板鞋鞋底比较薄,通常都有比较厚或带气垫的鞋垫,鞋面所用的皮质比较软,做动作时能清晰地感受到板面上的砂贴着脚面而过。

动作刚猛的滑手一般都选择比较厚实的滑板鞋。比如鞋底带气垫或油垫,鞋舌比较厚实,这样穿起来感觉比较裹脚。

二、服装

滑板服饰是滑手展示个性的重要方式。滑板服饰有很多风格,一类是比较紧身的衣服,另一类是比较宽松的衣服(见图 8-3-2)。

图 8-3-2

三、背包

滑手可以根据个人情况，选择一个大小合适的背包（见图8-3-3），背包功能较多，比如：

(1)放置扳手等工具；
(2)放置一些简单的服装、备用轮和轴承等；
(3)放置红药水、创可贴等；
(4)绑缚滑板。

图 8-3-3

四、护具

护具包括头盔、护膝、护腕、护肘和手套等，建议初学者使用，做高难动作时更要使用。一般在比赛中都要求佩戴护具。

(一)头盔(见图 8-3-4)

一个质量过硬的头盔是最重要的安全装备。玩滑板时,摔倒和碰撞的概率很大,如果没有头盔的保护,头部很容易受到伤害。

图 8-3-4

(二)护膝(见图 8-3-5)

护膝能够很好地保护膝部免受伤害。护膝的种类有很多,比较理想的是塑料护膝。

图 8-3-5

(三)护腕与护肘(见图 8-3-6)

护腕与护肘用来保护手臂免受伤害,最好的护腕是有塑料帽檐的护腕。

图 8-3-6

(四)手套(见图 8-3-7)

滑板手套有很多种形状和尺寸,比较理想的手套既要合手,又要在摔倒时能保护手掌。

图 8-3-7

第九章 滑板基本技术

基本技术是学习滑板运动的基础，学好基本技术，能够为以后学习连贯动作及花样滑板技术打好坚实的基础。基本技术包括滑行、翘、下坎与上坎、旋转、跳和脚上技巧等。

第一节 滑行

滑行是滑板运动的基本技术之一,包括上下滑板、惯性滑行、障碍滑和下坡滑等。

一、上下滑板

上下滑板是需要首先掌握的基本技术。在滑板上可采用两种站法,即正向站法和反向站法。正向站法是左脚在前,脚尖向右;反向站法是右脚在前,脚尖向左。练习者可根据自己的习惯采用任意一种站法。

1．上滑板

上滑板的动作方法(见图 9-1-1)是:

(1)双脚站立,将滑板平放于脚前的地上;

(2)先把一只脚放在滑板的前端,另一只脚仍踩在地上;

(3)身体重心移到已上板的脚上,上体略前倾,膝弯曲,手臂伸展,保持平衡;

(4)踩地脚轻轻蹬地,然后收到滑板上,放在滑板的后部,整个身体和滑板开始向前滑动。

图 9-1-1

2. 下滑板

下滑板的动作方法（见图 9-1-2）是：

（1）身体前倾，将重心放在前脚上，然后像起落架一样将后脚放在地上；

（2）后脚落地后，重心随即转移到后脚，然后抬起前脚，两脚都落在滑板的一侧。

图 9-1-2

二、惯性滑行

惯性滑行的动作方法（见图 9-1-3）是：
（1）将左脚踏在滑板的中前部靠左，右脚踩在地上，重心集中在左脚上；
（2）用右脚蹬地，使滑板向前滑动，然后把右脚收上来踩在滑板尾部，保持站立的平衡；
（3）滑行一段，再用右脚蹬地，重复动作；
（4）如此反复练习，在掌握好之后便可以做较长距离的滑行；
（5）开始可以做 10 米、20 米，然后加到 50 米、100 米，反复练习到可以轻松熟练地加速滑行为止。

HUABAN JIBEN JISHU 滑板基本技术

图 9-1-3

三、障碍滑

障碍滑即在滑行中遇到障碍时进行急转、急停，或通过改变速度进行跨越。

从坡上滑下时速度比较快，要学会运用双脚保持在滑板上，转动滑板横向刹车的急停法。

改变滑板速度的方法有两种：一是用后脚控制好重心，尽量使身体前倾来带动滑板前进；二是双脚使劲在滑板面上蹦，利用滑板面的弹性向前滑行。

四、下坡滑

练习下坡滑时，尽量选一条较长的滑道，最好是既有快速下滑段、中速下滑段，又有延伸较远的缓冲段。下坡滑技术的重点在于控制，即要先学会稳滑，动作方法（见图 9-1-4）是：

（1）将双脚放在滑板的两端，遇到转弯或需要做跨越动作时，要将双脚移至滑板中央；

（2）面部和身体朝向正前方，身体蹲伏下来，大腿靠近前胸，两手伸出。

图 9-1-4

第二节 翘

翘是滑板运动中的常用技术，包括最基本的翘板技术和 180°翘停等。

一、翘板技术

翘板技术的动作方法（见图 9-2-1）是：
(1) 推动滑板到滑行速度；
(2) 左脚踏板尾，右脚踏板前端，以便控制，或踏前轮后侧，以便翘板；
(3) 将重心移到左脚，身体前倾，使板端在空中停留时间尽可能延长；
(4) 让板尾间或轻轻刮地，以保持平衡。

图 9-2-1

二、180°翘停

180°翘停的动作方法（见图 9-2-2）是：

（1）滑行时将板端翘起，直到板端刮地，同时整个身体逆时针方向旋转180°；

（2）翘板和旋转要合拍，支撑脚要足够稳固，使滑板旋转180°后停下来。

图 9-2-2

第三节 下坎与上坎

下坎与上坎技术是滑板运动的基本技术,常用来跨越台阶。

一、下坎

下坎即下台阶,动作方法(见图 9-3-1)是:
(1)靠近台阶时,将重心移到后脚;
(2)在板端越过台阶边沿时,将前轮抬起;
(3)保持这一姿势,略向下蹲,准备着地。

图 9-3-1

二、上坎

上坎即上台阶,动作方法(见图 9-3-2)是:
(1)靠近台阶时,将重心移到后脚;
(2)在到达台阶边沿时,抬起板端跳过;
(3)在空中迅速将重心从后脚移到前脚;
(4)将滑板前端按到台阶上,板尾随即落到台阶上。

图 9-3-2

第四节 旋转

　　旋转是滑板运动中至关重要的一项技术，可用于急停和躲避障碍，基本的旋转技术包括反转、转圈、360°旋转、单轮旋转和板上旋转等。

一、反转

反转的动作方法(见图9-4-1)是:

(1)向前滑行,达到适当速度时,将两脚尽量张开,跨滑板两端;

(2)将重心放在前脚,使板尾翘起,同时顺时针方向旋转180°;

(3)动作完成后,滑板倒转过来,右脚成为支撑脚。

图9-4-1

二、转圈

转圈的动作方法（见图 9-4-2）是：

(1)将滑板向前推，然后站上去，两脚跨立，左脚可以灵活移动；

(2)将重量压于板尾，使板端抬起 3~5 厘米；

(3)当板端在空中时，身体向顺时针方向转动；

(4)前轮着地时，滑板向右偏转；

(5)将这一系列动作连贯起来，不断练习。

图 9-4-2

三、360°旋转

360°旋转的动作方法(见图9-4-3)是:

(1)在滑行中通过轻微的推转来保持平衡,尽量使滑板保持水平;

(2)准备好后,逆时针方向摆动手臂,同时保持平衡,还可向左做最后一次推转;

(3)重心落在右脚,向右摆动手臂,并带动整个身体旋转;

(4)转动时以后轮为轴,尽量使后轮保持水平,不要将板前端抬得过高;

(5)无需注意滑板的前端,只需将重心放在板尾,并加大旋转,前端自然会抬起,且高度刚好。

图9-4-3

四、单轮旋转

单轮旋转的动作方法(见图9-4-4)是：

(1)滑行到适当的速度,翘起滑板前端,用后轮做360°旋转；

(2)保持好身体平衡,尽量使滑板在空中停得久些；

(3)用手抓住滑板前端,保持住平衡的支点,使人和滑板一起旋转；

(4)然后后脚踩滑板的一边,使后轮的一个轮子离地,起码要转两圈以上。

图9-4-4

五、板上旋转

板上旋转的动作方法(见图 9-4-5)是:

(1) 先滑动滑板,移动左脚,使脚跟压住板端,重心落于大脚趾处;

(2) 移动右脚到另一板端,将重心移到右脚,使其成为旋转轴;

(3) 左脚绕右脚顺时针方向旋转,同时右脚也随之旋转,最后与左脚保持平行。

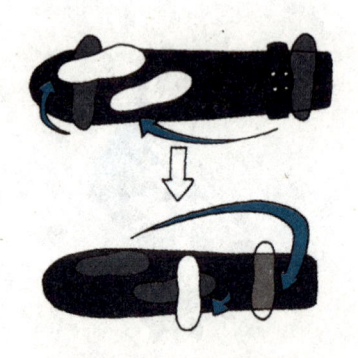

图 9-4-5

第五节 跳

滑板运动中有多种跳的技术,包括旋转跳、跨越跳、人与板分开上跳和人带板上跳等。

一、旋转跳

旋转跳的动作方法(见图 9-5-1)是:
(1)滑行时滑板保持水平,略向下蹲;
(2)向上跳起,旋转 180°,两腿略收拢;
(3)落下时两脚距离约 30 厘米,不用担心落下的准确位置,只需将双脚落在滑板两端即可。

图 9-5-1

二、跨跃跳

跨越跳的动作方法(见图 9-5-2)是:
(1)起跳时动作要稳,只有从容不迫才能控制动作;
(2)跨越的长度要根据具体情况而定;
(3)落下时重心落于两腿之间,左脚在前,右脚在后。

图 9-5-2

三、人与板分开上跳

人与板分开上跳的动作方法（见图9-5-3）是：

（1）向前滑行，在前进过程中双脚相互靠近，两脚置于滑板前半部分，但应在前轮之后；

（2）在接近横杆时垂直跳起；

（3）目视滑板，尽量落在滑板中间，位置大致和起跳时相同；

（4）落下时力量要均匀，腿部略弯曲，以抵消落在滑板上的冲击力。

图9-5-3

四、人带板上跳

人带板上跳的动作方法（见图9-5-4）是：

（1）向前滑行，靠近障碍物时双膝略屈，手臂预摆，后脚用力使滑板前端翘起，利用速度惯性带着滑板一起越过障碍；

（2）落地时注意双腿的缓冲动作，重心始终在两脚之间，腿部略弯曲。

图9-5-4

第六节 脚上技巧

只有熟练地运用脚上技巧，才能让滑板运动显得既"酷"又"炫"，常用的脚上技巧包括脚跟悬空和带板摩擦等。

一、脚跟悬空

脚跟悬空的动作方法（见图9-6-1）是：

（1）使滑板保持适当速度，旋转前脚使脚尖对着板尾，脚跟与板端交叠；

（2）将重心放在左脚大脚趾处，慢慢将另一只脚移到滑板前端；

（3）当双脚后跟悬空时，膝盖弯曲，以保持平衡。

图 9-6-1

二、带板摩擦

带板摩擦的动作方法(见图 9-6-2)是：

(1)向前滑行,靠近障碍物时双膝略弯,两臂预摆,后脚用力,使滑板随身体腾空；

(2)目视滑板,注意在障碍物的边缘处掌握好平衡；

(3)落下时重心落于两腿之间,落地时注意双腿的缓冲动作。

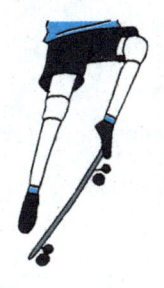

图 9-6-2

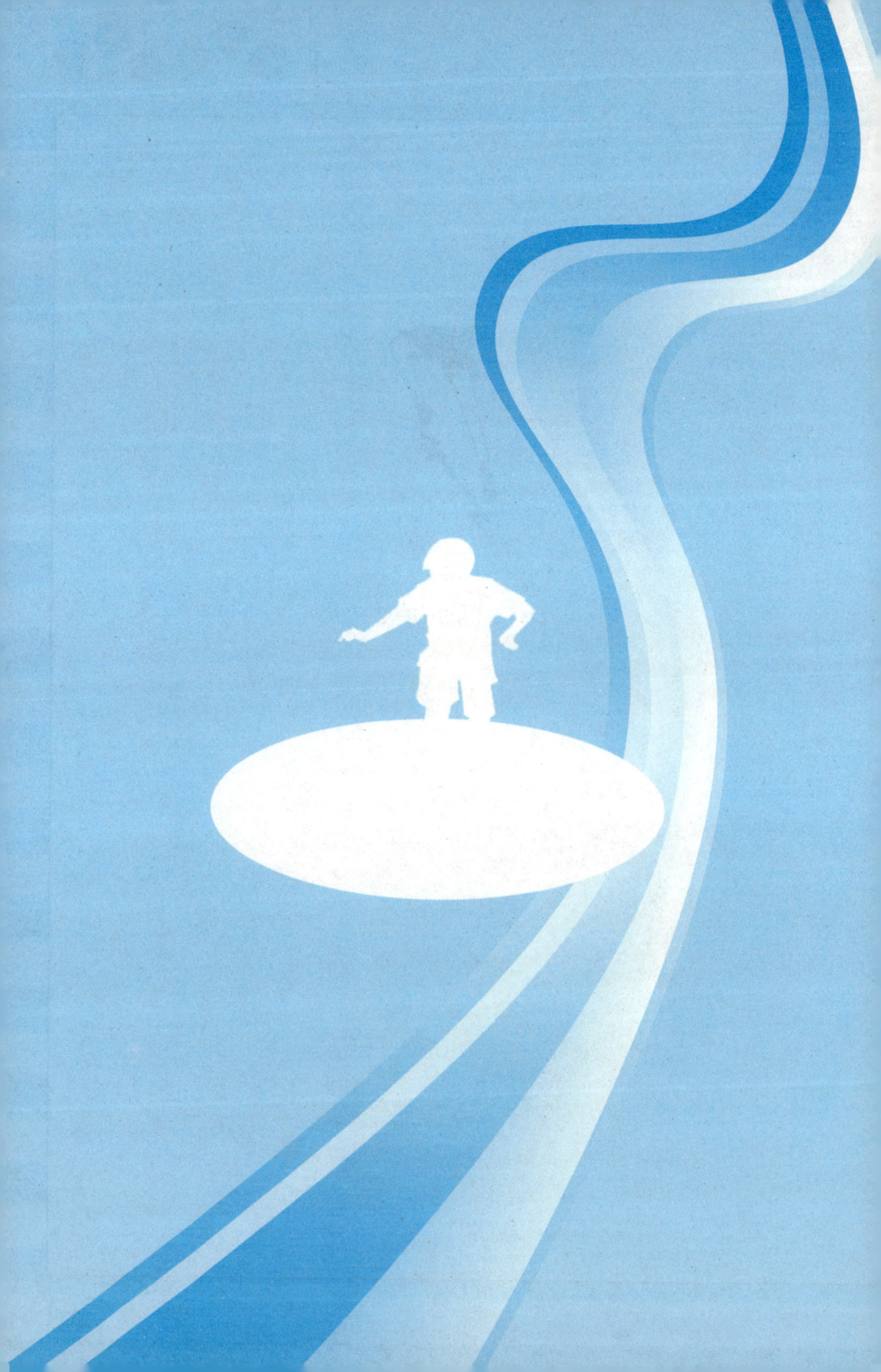

第十章 花样滑板

花样滑板技术是技巧性与艺术性的高度结合。本章介绍几种常见的花样滑板技术，包括 Ollie 技术、转体 180° Ollie 技术、脚尖翻技术、滑双桥技术和滑入 U 形池技术等。

第一节 Ollie 技术

Ollie 技术是指不用手而带板腾空的动作，它是花样滑板的基本技术之一。

一、动作方法

Ollie 技术的动作方法（见图 10-1-1）是：

（1）前脚平站在板的中间，后脚前脚掌点在板尾的正中间，面朝前进方向；

（2）后脚前脚掌用力下点板尾正中间，同时身体向前上方跳跃；

（3）前脚翻脚背，把板向前上方拉送出去，后脚紧跟滑板跳至空中（后脚很重要），把板拉平；

（4）两脚前送，同时尽量团身，在空中保持平衡；

（5）整个过程中始终目视板头，但重心不要落在前脚，要放在两脚之间。

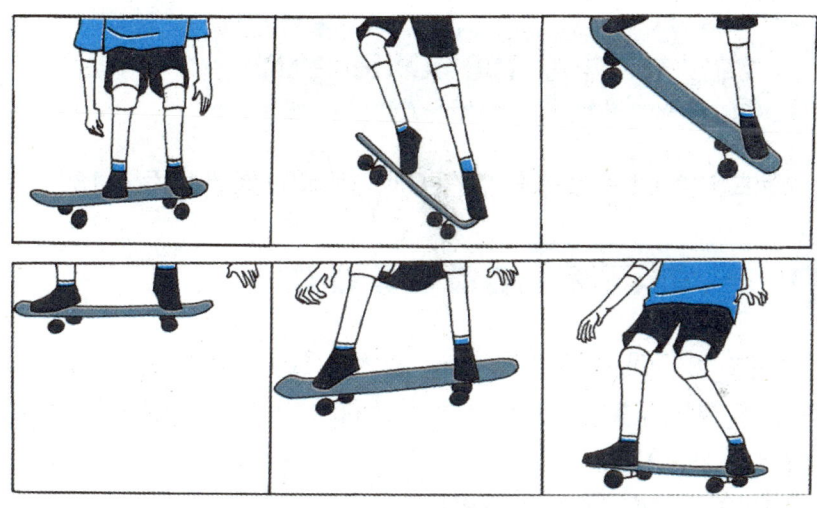

图 10-1-1

二、练习要点

Ollie 技术的练习要点是：

（1）先练习滑行基本技术，在对滑板具有控制能力后再来练习 Ollie 技术，这样可事半功倍；

（2）可以先在原地练习 Ollie 技术，以体验动作感觉；

（3）消除恐惧，逐渐在滑行中练习 Ollie 技术，体验向上和向前的动作感觉；

（4）要把动作练习到连贯自如，可以先在地面上试着练习两脚的协调，掌握好时间差；

（5）可以闭上双眼，以默想的方式来想象这一动作，反复地加深印象，这种训练方法容易实现，在滑板训练过程中经常使用。

第二节 转体 180° Ollie 技术

转体 180° Ollie 技术是指在 Ollie 技术的基础上转体 180°。

一、动作方法

转体 180° Ollie 技术是 Ollie 技术的延伸，所以在练习这项技术前一定要先掌握好 Ollie 技术。转体 180° Ollie 技术的动作方法（见图 10-2-1）是：

(1)准备动作同 Ollie 技术；

(2)后脚发力点地，扭腰用力，向前上方做 Ollie 动作，转体 180°，完成动作；

(3)整个动作过程中要寻找 Ollie 动作的感觉。

图 10-2-1

二、练习要点

转体 180°Ollie 技术的练习要点是：

（1）尽量用扭腰的力量完成这个动作，不要用前脚带板，要把板转 180°；

（2）往前上方做动作，而不要向身后跳，落地时不要偏离滑行路线；

（3）后脚点地的力量不要太轻，否则很难转 180°。

第三节 脚尖翻技术

脚尖翻技术是 Ollie 技术的一种变化,动作方法(见图 10-3-1)是:

腾空时,用脚尖踢板头的内侧,使之以板面为轴向内翻滚 360°,最后恢复到原来的位置。

图 10-3-1

第四节 滑双桥技术

滑双桥技术是一种最基本的使用桥进行滑行的技术。

一、动作方法

滑双桥技术的动作方法(见图10-4-1)是：

(1)稳速滑向横杠，滑行方向与横杠保持平行；

(2)接近横杠时，使用 Ollie 技术跳上去，将滑板横在横杠上，使两个支架(也叫作桥)都接触到横杠，用两个支架在上面滑行；

(3)在横杠上要掌握好身体重心，以防滑出；

(4)到横杠尽头时，前后脚协调用力，将板拉回平行状态；

(5)落地时注意屈身缓冲。

图 10-4-1

二、练习要点

滑双桥技术的练习要点是：

（1）起跳时，后脚一定要抓住板尾，不要脱板；

（2）在横杆上滑行时，滑板与横杠可以不成 90°，保持一定角度即可；

（3）身体重心不要跟着滑板的行进方向，而要向后压，以抵消行进的惯性，否则滑板不会在横杠上向前滑行，只会倒向横杠外侧；

（4）上半身重心一定要和下半身重心一致，即一定要踩住滑板，并尽量让上半身动作跟上下半身动作，否则会使滑板飞离横杠；

（5）这个技术可以先原地练习，将滑板平行放置在横杠附近 15 厘米左右，后脚以 Ollie 的姿势站于板尾，前脚尽量靠前，下蹲，后脚发力，前脚顺势带板搭到横杠上，后脚也要跳起并抓住板尾，配合前脚搭到横杠上；

（6）原地练习后可进行慢速练习，用同样的感觉滑上横杠，注意调整好重心，重心越低越容易保持平衡，反复练习，体会这种平衡的感觉。

第五节 滑入U形池

滑入U形池(半导管)包括加速、倒滑和半管道顶部下滑等阶段。

一、加速、倒滑

加速、倒滑技术的动作方法(见图10-5-1)是:

(1)从半管道的中部开始滑行,当向斜面上滑行时,屈膝并尽量使身体靠近斜面;

(2)当滑板向下滑行时,不要使用反身姿态,而要倒滑,并逐渐适应这种感觉;

(3)从半管道底部开始,加速滑向斜面,然后伸直双腿;

(4)当到达最高点要下降时,屈膝,同时用力压滑板,使用倒滑的姿态滑上另一面,然后做同样的动作。

图10-5-1

二、半管道顶部下滑

当学会以上的动作之后,就要学习如何从半管道的顶部滑下。首先必须牢记,顶部距离底部越远,在滑下时就越要屈膝靠近滑板。当从4.3米高的地方滑下时,要紧紧地蹲在滑板上,以免从滑板上摔出去。要从比较矮的半管道开始练习,然后逐渐增加高度。半管道顶部下滑的动作方法(见图10-5-2)是:

(1)板尾置于半管道的顶部(也就是在滑下去之前所站立的地方),然后用板尾和后支架咬住半管道顶部的边缘(就是半管道上由橡胶制成的边缘);

(2)后脚踩住板尾,将前脚慢慢放到滑板上,身体逐渐向前移动,当轮子接触到斜坡时,将身体重心落在前支架上;

(3)将重心移到滑板中央,身体略抬高;

(4)滑到底部时身体应该直立,否则需返回顶部再试一次。

HUAYANG HUABAN 花样滑板

图 10-5-2

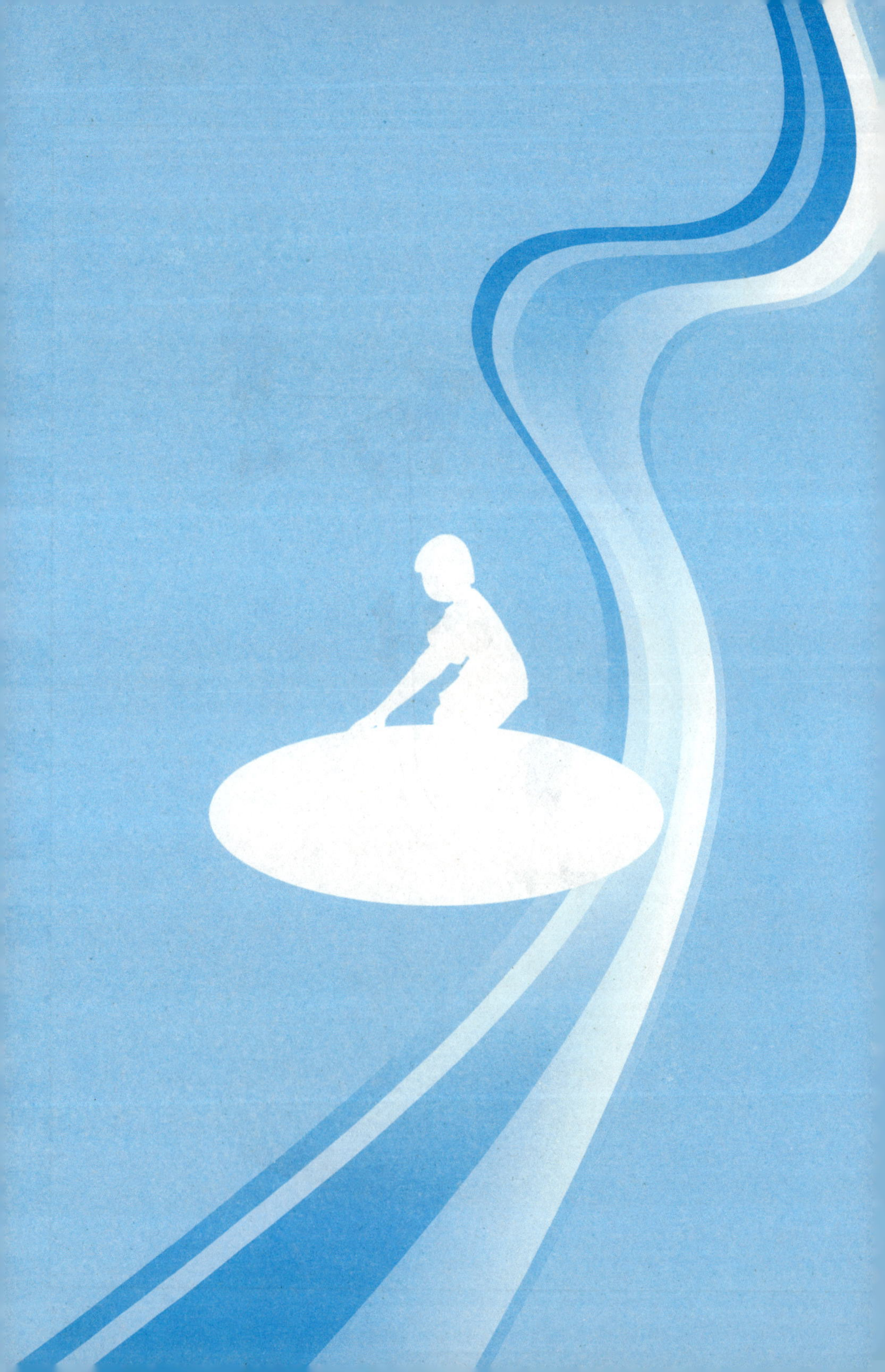

第十一章 滑板比赛规则

　　滑板虽然是一项极限运动，但是只要遵循这项运动的比赛规则，就能尽量避免运动伤害的发生，充分享受运动的乐趣。

第一节 程序

比赛程序是保证比赛顺利进行的关键因素之一，是每名选手都必须遵守的准则。

一、比赛形式

滑板比赛中，进入决赛的10名选手，每个人可以获得三轮比赛机会。每名选手的第一轮比赛得分、第二轮比赛得分和第三轮比赛得分中的最高分，将被指定为该选手的决赛得分。选手将根据其决赛得分排列名次。

二、比赛流程

决赛开始顺序将根据选手的达标成绩来决定。选手将按达标成绩的逆序开始比赛，即排在第十位的选手最先开始，接着是排在第九位的选手，依此类推，获得最高达标成绩的选手最后参加决赛。

按照开始顺序，进入决赛的10名选手将进行第一轮比赛，然后是5分钟的热身期，之后这10名选手将进行第二轮比赛。

第二节 裁判

学习和了解裁判方法,对于我们掌握裁判员的判罚尺度、提高比赛成绩、合理有效地运用规则有很大的帮助。

一、裁判员

裁判员人数为 5 人,其中 1 名为裁判长。

二、评分

1. 评分标准

评分标准有 3 个:

(1)动作的设计;

(2)动作的难度;

(3)动作的流畅性。

2. 评分方法

5 名裁判员都参与评分,评分方法是:

(1)每人各自评分,满分为 100 分;

(2)最高和最低的裁判评分都将被去掉,其余 3 个评分将被加起来再除以 3;

(3)在任何情况下,比赛分数都将保留到第二位小数(例如 89.55),而不会进行四舍五入。

三、决赛得分

第一轮得分、第二轮得分和第三轮得分中的最高分即为决赛得分。

四、改变得分

在裁判长将成绩放到记分系统予以显示并公布之前，裁判员都可以改变评分。但是，如果在此之后请求改变评分，则需要获得比赛理事会的批准。

五、打破平局

两名或多名选手出现平局时，可采用以下办法打破平局：

（1）在第二轮最高得分中得分较高的选手打破平局；

（2）如果仍然存在平局，则在第三轮最高得分中得分较高的选手打破平局；

（3）如果仍然存在平局，则将重新计算三轮得分中的最高分，包括全部5名裁判的评分；

（4）如果仍然存在平局，则将重新计算三轮得分中的第二最高分，包括全部5名裁判的评分；

(5)如果仍然存在平局,则将重新计算三轮得分中的最低分,包括全部5名裁判的评分;

(6)如果进行这一切计算之后,平局仍然存在,则由裁判长打破平局。